Johann Steinacher

Die Syntax des Hesiodeischen Infinitivs

Mit stetem vergleichenden Rückblick auf Homer

Johann Steinacher

Die Syntax des Hesiodeischen Infinitivs
Mit stetem vergleichenden Rückblick auf Homer

ISBN/EAN: 9783742856043

Hergestellt in Europa, USA, Kanada, Australien, Japan

Cover: Foto ©Thomas Meinert / pixelio.de

Manufactured and distributed by brebook publishing software
(www.brebook.com)

Johann Steinacher

Die Syntax des Hesiodeischen Infinitivs

Die Syntax des

Hesiodeischen Infinitivs

mit stetem

vergleichenden Rückblick auf Homer.

Von

Johann Steinacher,

k. k. Gymnasial-Lehrer.

LANDSKRON, 1885.

Im Selbstverlage. — Druck von Friedr. Irrgang in Brünn.

Wenn der Infinitiv in den indogermanischen Sprachen überhaupt eine Sprachform ist, die durch das Amphibienhafte, zwischen den beiden Hauptformen der Sprachbildung, dem Nomen und Verbum, gewissermaßen getheilte Wesen schon seit Jahrtausenden auf die Sprachforscher einen eigenthümlichen, zauberhaften Reiz ausübte und zu ihrer Ergründung anlockte, so ist es insbesondere der griechische Infinitiv, der, „die Spitze in der syntaktischen und formellen Entwicklung dieser Kategorie im Indogermanischen" (J. Jolly, Geschichte des Infinitivs im Indogermanischen, München 1873, pag. 212), eine nach Umfang und Inhalt reichhaltige Litteratur ins Dasein gerufen hat. — Auf dem griechischen Sprachgebiet ist nun aber vor allem der Homerische Infinitiv ein heißumstrittenes Object der Forschung geworden, und es wird nicht allzu viele Capitel der Homerischen Syntax geben, die bis jetzt einer aufmerksameren Pflege sich zu erfreuen gehabt hätten. An Homer lag eben ein Schriftdenkmal vor, das unsere Sprachform in der reichsten und vielseitigsten Entwicklung aufwies, und noch einladender wurde die Betrachtung dadurch, dass man es hier mit der ältesten litterarischen Sprachniedersetzung des Griechischen zu thun hatte, also die verhältnismäßig günstigste Aussicht sich bot, der ursprünglichen Natur dieses vielfach so problematischen Gebildes (ich meine, des specifisch griechischen Inf.) näherzukommen.

Nachdem es nun dieser Forschung, namentlich infolge der im letzten Decennium angestellten Untersuchungen thatsächlich gelungen ist, sowohl die ursprüngliche Bedeutung des griechischen Inf. als auch die Entwicklung des weitern Infinitivgebrauchs bei Homer, letztere allerdings mit Zurücklassung mannigfacher unerledigter Einzelcontroversen, in ziemlich sichern Zügen zu fixieren und einerseits die kräftigen Lebensäußerungen später abgestorbener oder doch in Abnahme gekommener, anderseits die ersten Versuche und Ansätze später allgemein gewordener Fügungen und Gebrauchsweisen aufzuzeigen, so wollen wir, auf der gewonnenen Grundlage weiter-

Hesiod noch mit Homer parallel läuft, inwieweit er vielleicht, über Homer hinausgehend, bereits auf das Gebiet attischen Gebrauches und attischer Satzfügung hinüberspielt. Da die gegenwärtige Forschung auf dem Gebiete griechischer Syntax dem Ziele zustrebt, eine historische Syntax der Sprache aufzubauen (vgl. Beiträge zur historischen Syntax der griech. Sprache von M. Schanz, Heft 4, Würzburg, 1884, Vorw.), so dürfte unsere Betrachtung, die meines Wissens noch niemand in der Weise und unter diesen Gesichtspunkten angestellt hat, nicht ganz ohne Interesse sein, insofern sie einen, wenn auch bei ihrer Beschränkung auf einen einzigen Autor nur winzigen Beitrag zu dem großen Unternehmen zu liefern bestrebt ist.

Wir gehen bei unserer Betrachtung von der (weiter unten näher begründeten) Überzeugung aus, dass der Inf. dativischen Ursprungs ist, und gedenken nun die verschiedenen Gebrauchsweisen des Inf., soweit als möglich, von dieser gemeinsamen Quelle abzuleiten. Über dergleichen Bemühungen äußert sich E. Herzog, Die Syntax des Infinitivs, Neue Jahrb. für Phil. und Päd. Jahrg. 107, p. 4 folgendermaßen: „Den bisherigen Versuchen, diesen Weg (er meint den der historischen Betrachtung des Inf.) zu verfolgen, haften unseres Erachtens zwei Mängel an, an denen das Unbefriedigende hängt, das dieselben haben. Einmal wird von Formen ausgegangen, deren ursprünglicher Casuscharakter problematisch ist, und deren Gebrauch in der uns erhaltenen Sprache bereits ein mannigfaltiger und complicierter ist. Ferner wird das, was man aus dem präsumierten Casus als ursprüngliche Intention der Sprache erschließt, zu lange in der gleichen Linie fortwirkend gedacht ohne Berücksichtigung des Umstandes, dass mit Erweiterung der syntaktischen Mittel wie der Bedürfnisse des Gedankenausdrucks Motive hereinkommen, welche, an einen gewissen Punkt des Gegebenen anknüpfend, und zwar nur oft lose und willkürlich, neue Wege eröffnen.“

Bezüglich des ersten „Mangels“, den Herzog hervorhebt, möchte ich nur soviel bemerken. Da die casuelle Genesis des Inf. feststeht, so muss eine historische Betrachtung (und diese Betrachtungsweise ist nach dem gegenwärtigen Standpunkt der Sprachforschung neben der vergleichenden die allein richtige und zulässige) von derselben ausgehen. Wenn es aber Herzog für problematisch hält, einen einzelnen Casusbegriff als zugrunde liegend durchzuführen, weil ja, wie er weiter a. a. O. p. 15 ff. auseinandersetzt, „in der Mannig-

Scheidung für das eine oder andere mehr zulasse, so lässt sich daraut
Folgendes entgegnen. Schon von vornherein ist es unwahrscheinlich,
dass der Infinitiv, nachdem er sich doch im Griechischen zu einer
einheitlichen Kategorie gestaltet hat, jene Proteusnatur zur Schau
tragen soll, um bald den einen, bald den andern Casus vertreten
zu können. Die Form des griech. Inf. schließt denn auch den
Accusativ geradezu aus, und es könnten in dem Inf., vom formellen
Standpunkt betrachtet, höchstens nur Dative und Locative gesucht
werden. War nun vielleicht die eine oder andere Bildung überwiegend? Es ist allerdings der Forschung bis jetzt nicht bei allen
Infinitivsuffixen gelungen, deren Ursprung mit zweifelloser Sicherheit
zu bestimmen; doch ist nach den neuesten Untersuchungen eine
ziemliche Übereinstimmung der Ansichten in dem Sinne erzielt
worden, dass die meisten jener Suffixe auf den Dativ zurückgehen[1]).
Wie nun aber die Assimilation „die durchgreifendste Erscheinung auf dem Gebiete aller Sprache und Sprachgeschichte, der
lebendigste und wirksamste Factor der Sprachentwicklung ist"
(Ziemer, Junggrammatische Streifzüge im Gebiete der Syntax, Col-
berg 1882, p. 121), so dürfte sich dieselbe auch hier und zwar in
der Weise geltend gemacht haben, dass die numerisch weit über-
wiegenden dativischen Inf. den geringen Bestand der locativischen
sich einfach assimiliert haben. So verstehen wir die von Herzog
angenommene „Ausgleichung". Was nun aber dem ganzen Beweis

---

[1]) Vom formellen Standpunkt ist dafür eingetreten L. Lange, Zeitschr.
für d. österr. Gymn. 1855, p. 729, E. Wilhelm, De inf. forma et usu p. 25, Capelle, Philologus, Bd. 37, p. 89, Delbrück, Syntaktische Forschungen, Bd. 4,
p. 124, also eine Autorität ersten Ranges in Fragen der Casuslehre, u. zw. mit
der Bemerkung, dass der Dativ „den locativischen Bestandtheil in sich aufgesogen
habe". Auch G. Curtius, der noch in den Erläuterungen zu seiner griech. Schulgramm. 3. Aufl. p. 198 zwischen dativischer und locativischer Auffassung schwankt,
vertritt im Verbum II, 105, 107, 114, 264 den dativischen Ursprung der meisten
Suffixe, und Meierheim, De infinitivo Homerico spec. I. p. 13 bezeichnet denselben nach eingehender Untersuchung wenigstens für wahrscheinlicher als den
locativischen, an welchem von bedeutenderen neuern Forschern nur noch Albrecht,
De accusativi cum infinitivo coniuncti origine ac peculiari eius usu Homerico
in Curt. Stud. IV. p. 3 und Fleischer, De primordiis Graeci acc. cum inf. p. 8,
festhalten. Jolly äußert sich zwar a. a. O. p. 85, 85—87 über den dativischen
Ursprung mancher Infinitivsuffixe zweifelhaft, geht aber doch bei der syntaktischen Betrachtung des Inf. von der Zweck- und Richtungsbedeutung desselben
aus a. a. O. p. 215.

1*

aus' der Form an Gewicht und Überzeugungskraft noch fehle das lässt sich durch die Ergebnisse der syntaktischen Untersuchung ergänzen. Meierheim hat nämlich in der bereits citierten Dissertation an der Hand Homerischer Beispiele, die uns eben die Infinitivkategorie in ihrer Ursprünglichkeit zeigen können, die dativische Genesis des Inf. aus seinem finalen und consecutiven Gebrauche schlagend erwiesen.[2])[3]) Nach alledem wird man wohl nicht von einer problematischen, einseitigen Auffassung reden können, wenn wir den dativischen Ursinn des Inf. zum Ausgangspunkte unserer Betrachtung machen.

Was die zweite Klippe betrifft, an der nach Herzogs Ansicht der Erfolg so mancher bisherigen Untersuchung gescheitert ist, so werden wir uns allerdings hüten müssen, die Wirkungssphäre der ursprünglichen casuellen Kraft des Inf. auf Kosten der später mehr hervortretenden verbalen allzuweit auszudehnen; doch glauben wir dieser Gefahr durch objective Würdigung aller Umstände, die auf die Bedeutung des Inf. einen modificierenden Einfluss ausüben konnten, entrinnen zu können, zumal da wir namentlich an Meierheims Arbeiten (vgl. p. 3 Anm. und p. 6) schöne Vorbilder gewissenhafter Einzeluntersuchung vor Augen haben.

Um nun auf den dativischen Ursprung des Inf. zurückzukommen, so glauben wir es hier, wie dies Meierheim für Homer bereits so schön nachgewiesen hat, mit dem dativus finalis zu thun zu haben. Wie diese finale Bedeutung aus der Grundbedeutung des Casus sich entwickelte[4]), ob der Zusammenhang zwischen beiden Bedeutungen ein engerer oder lockerer, entfernterer ist, das kann vorläufig leider nicht entschieden werden, wiewohl eine Klärung

---

[2]) Zustimmungen von Capelle a. a. O. p. 92, p. 100, von Dr. Josef Sturm, Geschichtliche Entwicklung der Constructionen mit $\pi\varrho\iota\nu$ (Beiträge zur histor. Syntax der griech. Sprache von M. Schanz, Heft 3), pag. 14.

[3]) Es ist zwar durch Jolly a. a. O. p. 153 ff., 184 zu einem hohen Grade von Wahrscheinlichkeit erhoben worden, dass auch der Infinitiv der lat. und deutschen Sprache dativischen Ursprungs ist; doch schien mir eine Berufung auf diese Übereinstimmung der nächst verwandten Sprachen deswegen für unsere Argumentation belanglos, weil der Infinitiv nach Curtius, Chronologie d. indogermanischen Sprachforschung, und Jolly a. a. O. p. 88 wohl erst eine „Schöpfung der Einzelsprachen ist und höchstens einzelne Ansätze dieser Billung in die gemeinsame indogermanische (oder nach Delbrück proethnische) Sprachperiode hinaufreichen," jene Übereinstimmung also nicht als ein Werk gemeinsamer, gleichartiger Sprachintention hingestellt werden kann.

[4]) Die Entscheidung dieser Frage ist deswegen so schwierig, weil man über den Grundbegriff des Dativs noch keineswegs einig ist. Ob nämlich dieser Casus nach der Annahme der neuern localistischen Theorie (vergl. Jolly a. a. O. p. 106) ein localer ist, also die ursprüngliche Bedeutung des Casus die der körperlichen Richtung und Neigung nach etwas hin ist (Delbrück, Kuhns Zeitschr. für vergl. Sprachwissensch. Bd. 18, p. 81, E. Wilhelm a. a. O. p. 28 ff., Meier-

e nicht bloß für die Casuslehre von großer Wichtigkeit, rn auch im Interesse einer vollkommen klaren Auffassung so cher Inf. sehr zu wünschen wäre.

Die casuelle Bedeutung des Zieles und Zweckes zeigt nun der Inf. bei Homer und Hesiod vornehmlich in zwei Gebrauchsweisen, in denen nach Jolly a. a. O. p. 215 die Syntax des Homerischen Inf. an den Gebrauch der arischen Sprachen anknüpft, die also gewissermaßen noch eine Art von indogermanischem Adel aufweisen:

1. in absoluter Verwendung (imperativischer Infinitiv),
2. als epexegetischer Inf. bei verbalen und nominalen Prädicaten. Es zerfällt also unser   .

Cap. I. Der Infinitiv in casueller (final-consecutiver) Kraft

in zwei Theile:

a) Infinitivus pro imperativo.

Die Erklärung des Gebrauches hat bereits ihre Geschichte. Nachdem die alte Grammatik den imperativischen Inf. durch Ellipsen mannigfacher Art (ὄρσεο, ἴθι, δεῖ, χρή, κελεύειν, ϑέλειν) zu erklären versucht hatte (ein Standpunkt, auf welchem wir noch Leo Meyer, Der Inf. der Homerischen Sprache p. 24, ja merkwürdiger Weise selbst noch Albrecht in der früher cit. Abhandlung finden), trat Hoehne in seiner Dissertation „De infinitivi apud Graecos classicae aetatis poëtas usu, qui fertur pro imperat." (Breslau 1867) mit folgender Lösung der Frage hervor. Von der Ansicht ausgehend, „Quid sit supplendum in hoc dicendi genere, et illi viri docti intellexerunt, sed errarunt in eo, quod eius modi verbum (ὄρσεο, ἴθι ct.) substituerunt, non subintellexerunt", erklärt er in den Fällen, wo dem imperat. Inf. ein eigentlicher Imperativ vorangehe, die Bedeutung des ersteren ἀπὸ κοινοῦ, indem die im Imperat. liegende Modalkraft auch noch dem Inf. zugute komme (p. 11, 15 ff.). An Stelle jenes eigentlichen Imp. könne aber auch ein verbum imperandi (κελεύω, ἐπιτέλλω u. ähnl.) erscheinen, das, im Satzbereich des imperat. Inf. gelegen, gleichsam andeute, wie der Inf. zu fassen sei, ohne dass an diesem der Modus eigens zum Ausdruck komme (p. 19 ff.). Ja auch vorausgehende allgemeine Verba der Mittheilung könnten, häufig von auffordernden Partikeln und Vocativen unterstützt,

heim a. a. O. I. p. 26, Fr. Holzweißig, Wahrheit und Irrthum der localistischen Casustheorie p. 30), woraus die Zweck- und Zielbedeutung auf metaphorischem Wege unmittelbar sich erklären würde, oder ob der Dativ als „rein grammatischer Casus zu fassen ist, als der Casus, dem die Aussage gilt" (Delbrück, syntaktische Forschungen Bd. 4, p. 53), wornach der Dativ des indir. Objects an die Spitze zu stellen wäre und die Zweckbedeutung, weil auf einer losern Beziehung zur Aussage beruhend, erst in weiterer Instanz sich ergeben würde (Delbr. a. a. O. p. 54, Curtius, Erläut. p. 175), muss vorläufig in suspenso bleiben.

einen solchen Hinweis enthalten, was namentlich oft in der poesie (Hesiod!) der Fall sei, „quae (poesis) illam praecipiendi, exhortandi vim prae se fert"; hier müsse man eben auch in die ganze Tendenz der Dichtung eingehen, um solche Inf. richtig zu fassen (p. 21 ff.).

Obwohl diese ganze geistreich durchgeführte Hypothese manches Ansprechende hat, so ist sie leider immer noch im Ellipsenwahn, wenn auch einem feinern, befangen und auf äußere Momente, die das Wesen unserer Sprachform ganz außer Spiel lassen, gegründet, weshalb wohl auch sie das Feld räumen muss, nachdem es der Wissenschaft gelungen, den ganzen Gebrauch gleichsam von innen heraus zu begreifen. Indem nämlich Wilhelm a. a. O. p. 90, Jolly a. a. O. p. 215, Meierheim, De infinitivo Homerico spec. II. p. 1 (Zustimmung von Dr. Sturm a. a. O. p. 10) die Erscheinung im Lichte historisch-comparativer Forschung betrachten, gelangen sie bald, über die ganze Ellipsentheorie sich erhebend, zu der reinern Erkenntnis, dass in dem über mehrere indogermanische Sprachen ausgebreiteten Sprachgebrauch gerade ein deutlicher Beweis für die alte Dativnatur des Inf. liege, da ja eben die Zweck- und Zielbedeutung den Inf. zu diesem eigenthümlichen Gebrauche qualificiere (z. B. Hom. O 247 νηυσὶν ἐπισσεύεσθαι zum Sturm auf die Schiffe!).

Bei Hesiod[5]) kommen nun folgende Stst. in Betracht:

Theog.: 0. — Scut. Herc. 97, 121 (2 inf.), 332 λιπέεν (vgl. Rzach zu V. 231), 335, 336. — Opp. 336, 337, 338, 342 (2 inf.), 343, 349 (2 inf.), 352, 353 (2 inf.), [354] (2 inf.), 368, 371, 382 (2 inf.), 384[6]), 391[7]) (2 inf.), 392[7]), 407, 410, 422, 423, 426, 427, 432, 437, 448, 452, 457, 459, 462, 463, 465, 505, 536, 538, 539, 542, 544, 546, 554, 557, [562], 570, 573 (2 inf.), 574, 576 (2 inf.), wo wir mit Rzach und Göttl.-Fl. am Schlusse καρπὸν ἀγινεῖν lesen, 592, 596 (2 inf.; 2. inf. nach Rzach und Göttl.-Fl. ἱέμεν), 597, 600[8]),

---

[5]) Was den Text betrifft, so hielt ich mich hauptsächlich an die neue, auf der Höhe Hesiodeischer Textforschung stehende kritische Ausgabe von Al. Rzach, Prag 1884, welche ja „allen Anforderungen, die man an eine solche Ausgabe zu stellen berechtigt ist, vollkommen entspricht und, verglichen mit ihren Vorgängerinnen, einen bedeutenden Fortschritt bekundet". Scheindler, Zeitschr. für die österr. Gymn. 1884, Hft. 12, p. 902. Daneben zog ich auch die Ausgabe von Göttling-Flach, 3. Aufl., Leipzig 1878, zurathe.

[6]) ἄρχεσθ' entschieden inf., nicht imp. plur.; denn die ganze Vorschrift ist, wie z. B. das ἐθέλησθα v. 392 beweist, an eine Pers. gerichtet.

[7]) Kühner, Ausführl. Gramm. d. griech. Spr., 2. Th., p. 589 meint, dass vielleicht der Inf. σπείρειν von οὗτός τοι πεδίων πέλεται νόμος abhängig ist; ich möchte ihn und die folgenden Inf. βοωτεῖν u. ἀμάειν lieber mit Göttl.-Fl. u. Rzach, welche Semikolon vor das erste γυμνόν setzen, selbständig pro imp. fassen.

[8]) Göttl.-Flach u. Rzach setzen Punkt vor μέτρῳ, fassen also den Inf. absolut pro imp.; ich schließe mich an, obwohl die Möglichkeit nicht ausgeschlossen ist, dass κομίσασθαι noch von ἐποτρύνειν (v. 597) abhängt.

606[9]), 608 (2 inf.), 611, wo wir mit Rzach ἀποδρέπεν (dor. inf.) welche Leseart ders. in den Wiener Stud. V. 192 ff. begründet, 612, 613 (2 inf.), 616, 622, [623][10]), 624 (2 inf.), 629, 630, 631, 632, 641, 643 (2 inf.), 672 (2 inf.), 673, 674, 689, 690 (2 inf.), 694, 695, 699, 700, [706], 707, 709, 711, 713, 715, 722, 724, 727, 734 (2 inf.), 736, 738, 743, 744, 746, 749 (2 inf.), 750, wo wir mit Rzach und Göttl.-Fl. der Nauck'schen Conjectur καθιζέμεν folgen, 753, 756, 758 (2 inf.), 759, 760, 766, 780, 791, 793, wo wir mit Rzach und Göttl.-Fl. γείνασθαι annehmen, 797, 800, 802, 807 (2 inf.), wo wir zufolge der Conjectur Rzachs, begründet in den Wien. Stud. V. 194, βαλλέμεν lesen, 809. Fragm. 182 (Göttl.-Fl. 178) 2, 3 (2 inf.), wo wir mit Rzach (vgl. dessen Ausgabe z. St.) ἐρδέμεν lesen. Fragm. Göttl.-Fl. 181 (2 inf.).

Dass dieser Gebrauch dem erzählenden Stil der Theogonie ganz fehlt, in der didaktischen Dichtung der Opp. aber in solcher Massenhaftigkeit auftritt, wie wir eben gesehen, wird uns, da es ja mit der jedesmaligen Dichtungsart im Einklang steht, keineswegs wundernehmen. Betrachten wir nun den Gebrauch näher.

1. Genus verbi.

Was das gen. activum betrifft, so möge die Bemerkung genügen, dass der imp. Inf. in diesem genus am meisten heimisch ist (84 Fälle). Eine Aufzählung der StSt. hat keinen rechten Zweck. Er ist aber auch ins Medium eingedrungen, und die verschiedenen Arten des Mediums (Curt., Gr. Schulgr., 13. Aufl., § 478 ff. Krüger, Gr. Sprachl., § 52, 8 ff.) sind bereits (zum Theil durch zahlreiche Beispiele) belegbar, wie folgendes Schema zeigen mag:

α) directes Med.

Opp. 368, 616, 641, 706, 749.
Fragm. Goettl.-Fl. 181. — 6 Fälle.

β) indirectes Med.

Opp. 371, 384, 407, 410, 437, 448 φράζομαι sage mir, bei mir, überlege, ebenso Fragm. 182 (Göttl.-Fl. 178), 2, 536, 539, 542, [562], 600 (kann auch dynamisches Med. sein, doch wahrscheinlicher indir.), 629, 632, 643, 672 (könnte auch als dynam. Med. gefasst werden), 689, 690 (?), 695, 753, 800, 809 (vgl. Curt. Gr. § 478, 2). — 22 Fälle.

---

9) Wir fassen κομεῖν (v. 604) und ἐσκομίσαι (v. 606) als imperat. Inf.; dass die Inf. von κέλομαι (v. 603) abhängig sein sollten, ist schon wegen der dazwischen eingeschobenen Sätze χαλεπή — ἔριθος und μὴ φείδεο σίτου unwahrscheinlich.

10) Wir fassen ἐργάζεσθαι imperativisch und verbinden μεμνημένος enger mit ὥς σε κελεύω; vgl. die Übers. von Eyth: Schaffe du jetzo das Land und denke, was ich dir gebiete. μεμνημένος ist dabei absolut gesetzt sowie 422 und 711. So construiert auch schon Hoehne a. a. O. p. 25.

γ) **dynamisches (subjectives) Med.**

Scut. Herc. 336 (?). — Opp. 432 (kann auch dativisch sein), 694 (möglicherweise dativ. Med.), 707 ποιεῖσθαι (halten). — 4 Fälle.

δ) **causatives Med.**

Opp. 349, 711, 715 (kann auch pass. genommen werden). — 3 Fälle.

Im Ganzen 35 Fälle, wovon 22 (darunter allerdings 2 unsichere) auf das indir. oder dativische Med. entfallen. Schwach vertreten erscheinen die andern Functionen des Med. — Es reihen sich nun jene Fälle an, wo die Media durch Verlust des genus act. zu förmlichen Deponentia erstarrt sind, welche die ursprüngliche Art des Mediums selten mehr erkennen lassen.

Opp. 338 ἱλάσκομαι (eigentlich ind. Med.), 369 ·φείδομαι, 382 u. 623 ἐργάζομαι, 465 εὔχομαι, 505, 734, 780 ἀλεύομαι, 557 ὑπαλεύομαι, 758, 802 ἐξαλεύομαι, 538 .μηρύομαι, 554, 673 νέομαι, 709 ψεύδομαι (?), 713 δέχομαι, 793 γείνομαι. — 17 Fälle.

Der passive Gebrauch ist dem imperat. Inf. eigentlich fremd, wie bereits Hoehne a. a. O. p. 14 mit den Worten constatiert: Ubi de persona agente cogitari non potest neque quisquam aliquid efficere iubetur, plane abest hic infinitivi usus.

Es sind bei Hesiod bloß 2 Stst., an welchen ein imp. Inf. im Pass. steht, wobei aber die Bedeutung eine mediale ist: Opp. 459 ἐφορμηθῆναι sich in Bewegung setzen und Fragm. 181 Göttl.-Fl. ἀρκεῖσθαι sich genügen lassen.

2. Actio (Zeitart).

Inf. praes.

Wir treffen den inf. praes. in seiner gewöhnlichen durativen Bedeutung im Gegensatz zur momentanen des Aor. (Curtius Griech. Schulgr. § 490, 495; Krüger Gr. Sprachl. 53, 1; Koch Gr. Schulgr. § 100, 2.)

Dabei sind aber zwei Fälle zu unterscheiden:

α) Der imperat. Infinitiv bezieht sich auf eine individuelle Handlung, es liegt ein „Befehl" vor; dabei kann die Dauer der Handlung als eine ununterbrochene oder als eine unterbrochene (Wiederholung) gedacht sein.

Scut. Herc. 97, 121 (2 inf.) (ununterbrochene Dauer);
scut. Herc. 335 (unterbrochene D.).

β) Der imperat. Inf. gilt nicht für Einzelfälle, sondern für alle Fälle der gegebenen Art, es liegt also ein Befehl von allgemeiner Giltigkeit, ein „Gebot" (resp. Verbot) vor; die über eine unbeschränkte Zeitsphäre sich erstreckende Dauer, welche der Handlung zukommt, erleidet jedoch in vielen Fällen eine Unterbrechung, insoferne durch den Inf. Handlungen bezeichnet werden, welche nur alljährlich zu gewissen Zeiten wiederkehren (resp. nicht wiederkehren) sollen —iterativer Gebrauch, namentlich in den Opp. häufig.

Opp. 336, 337, 338, 342 (καλεῖν), 349 (μετρεῖσθαι), 352, 353 (2 inf., zweiter προσεῖναι, cf. Rzach z. St.), 369, 382 (2 inf.), 457, 695, 699, 700, 711, 760.

Fragm. 182 (Göttl.-Fl. 178) 2, 3; fragm. 181 bei Göttl.-Fl. (2 inf.).

Speciell zu gewissen Jahreszeiten wiederkehrende Handlungen haben wir an den Stst.: Opp. 384, 391 (2 inf.), 392 (die letzten drei Fälle allerdings nur mit Reserve hieher gerechnet, vgl. Anm. 7), 422, 423, 426, 427, 448, 452, 462, 463, 465, 544, 546, 554, [562], 570, 573 (2 inf.), 574, 576 (2 inf.), 592, 596 (2 inf.), 597, 604, 611, [623], 630, 631, 643 (αἰνεῖν), 672 (2 inf.), 673, 690 (2 inf.), 694[11]). Endlich an bestimmten Tagen jedes Monats stattfinden sollende Handlungen an den Stst.: Opp. 791, 797, 807 (βαλλέμεν), 809.

Es ergeben sich also im ganzen 64 positive Fälle.

ββ) Negative Fälle (gewöhnlich mit μηδέ eingeleitet):

Opp. 410, 707, 709, 715, 722, 724, 734, 736, 738, 743, 744, 746, 749 (2 inf.), 750, 753, 756, 758.

Speciell wieder zu gewissen Jahreszeiten wiederkehrende Handlungen finden wir:

Opp. 622 (mit μηκέτι eingeführt), 674, 689, beidesmal mit μηδέ eingeleitet. Also im ganzen 21 negative Fälle.

Inf. aor.

α) Factischer[12]) Aorist. Der Aor. bezeichnet den Eintritt in die Wirklichkeit, die Effectuierung der Handlung; die Handlung ist im Gegensatz zum Präsens eine momentane, d. h. entweder auf einen Schlag vollzogen oder — wie in den folgenden Fällen meistens — als concentrierte Erscheinung gedacht, insofern die, wenn auch vorhandenen, einzelnen Momente nach der Absicht des Redenden nicht hervorgehoben werden sollen. (Krüger, gr. Spr. 53, 6, vgl. auch Anmerkung 9; Koch, gr. Schulgr. § 97; Curtius, Schulgr. 495, Anm., Erläut. 3. Aufl. 182 ff.):

Scut. Herc. 332, 336;

Opp. 342, 368, 371, 407, 432, 505, 536, 538, 539, 542, 557, 600, 606, 608 (λῦσαι), 612, 613 (2 inf.), 624 (2 inf.), 629, 632, 643, 713, 734, 758, 766, 780, 793, 802. — Hier möge auch noch der einzige Fall eines negierten Aoristinfinitivs in imperat. Bedeutung Platz finden: Opp. 354.

β) Ingressiver Aorist. Der Eintritt ist der Dauer, welche das Präsens des betreffenden Verbs bezeichnen würde, stärker entgegen-

---

[11]) Insoferne wohl μέτρα φυλάσσεσθαι im Rückblick auf v. 690 gesagt und nicht allgemein zu fassen ist.

[12]) Der Ausdruck gewählt nach Koch, gr. Gramm. § 97, 100.

gesetzt, der Aorist bezeichnet gleichsam den Anfangspunkt einer Linie. Curtius, Erläut. p. 185.

Opp. 459; 608 (ἀναψῦξαι) (?, vielleicht einfach fact. Aor.).

γ) Effectiver Aorist. Das wirkliche Eintreten steht den Vorbereitungen gegenüber, der Aorist bezeichnet gleichsam den Endpunkt einer Linie. Curtius, Erläut. p. 186 Einen eclatanten Beleg dieser Kategorie habe ich nicht gefunden, einen schwachen Anflug effectiver Kraft zeigen Opp. 349, 354, wiewohl diese Aor. auch einfach in factischer Bedeutung genommen werden können.

Es stehen also im ganzen 35 positive Aoristfälle den vorher aufgezählten 63 Präsensfällen, ein einziger negativer Aoristfall 21 analogen Präsensfällen gegenüber.

Inf. perf.

4 Fälle: Opp. 437, 616, 641, [706]; die Bedeutung der Perfecta ist die gewöhnliche: sie bezeichnen im Vergleich zum Präsens der betreffenden Verba, welche die allmähliche Verwirklichung ausdrücken, den vollendeten Zustand; vgl. Curtius, Schulgr., §. 506, Anm.

Resumé.

Weitaus am verbreitetsten ist der Gebrauch in der Präsenssphäre (88 Fälle), wobei sich der didaktische Charakter der Opp. besonders bedeutsam in dem Umstande ausspricht, dass von den berührten 88 Fällen bloß 3 auf eine Einzelhandlung entfallen, während 21 pos. $+$ 18 neg. inf. praes. pro imp. allgemeine zeitliche Geltung beanspruchen, 43 pos. $+$ 3 neg., also die überwiegende Mehrzahl aller Fälle, iterativ in dem bezeichneten Sinne zu fassen sind. — Der Gebrauch ist ferner auch in die Aoristsphäre eingedrungen, wiewohl hier die Frequenz nicht einmal halb so groß ist als im Präs. (36 Fälle.) — Ganz unbedeutend ist der Gebrauch im Perfectgebiete (4 Fälle).

3. Person und Numerus.

Der Inf. vertritt in den meisten Fällen die 2. pers. sing. imp., findet sich aber vereinzelt auch in der Geltung der 2. pers. pl. imp., Opp. 807 (welche St. allerdings wegen der schwankenden Leseart des beigefügten Part. ὁπιπεύοντας, das hier maßgebend ist, nicht urgiert werden darf), ferner der 3. pers. sing imp., opp. 753, opp. 807 ὑλοτόμον — ταμεῖν, endlich auch der 3. pers. pl. imp. opp. 459 δὴ τότ' ἐφορμηθῆναι ὁμῶς δμῶές τε καὶ αὐτός, wo jedoch das αὐτός dem Zusammenhang mit v. 460 ff. zufolge als Hauptbegriff zu gelten hat. „Dann eile du und zugleich deine Knechte" = du mit deinen Knechten, so dass also der Fall gewissermaßen auf einen imp. Inf. der 2. pers. sing. zurückgeht. So schimmert also mehr weniger der ursprüngliche Charakter dieses Gebrauches durch, von dem Jolly a. a. O. p. 215 fg. Folgendes bemerkt: „Es ist misslich, wenn unsere Grammatiker bei diesen Infinitiven von einer 2. und 3. Pers. sprechen, denn eine Person schwebt nur in ganz unbestimmter Weise vor. . . . . Doch

richtet sich der imp. Inf. bei Homer (dasselbe fanden wir bei Hesiod)
am häufigsten an eine 2. pers., eben weil er die Aufforderung recht
direct und energisch ausdrückt, etwa wie der deutsche Inf. der
Kindersprache: „Mutter geben.'"

4. Casus des Subjects.

α) Der imp. Inf. ist an die 2. pers. gerichtet.

Falls das Subject eigens ausgedrückt ist, so steht es in der
Regel im nom.; oft lässt sich dieser Subjectscasus nur aus prädi-
cativen Bestimmungen oder beigefügten appositiven Participien erschließen. Es gehören hieber Scut. Herc. 335, Opp. 371, 422, 427,
432, 465, 542, 562, 570, 576, 616, 623, 630, 641, 672, 695, [706],
711, 722, 727, 734, 746, 756, 766, 800. — 25 Fälle.

Ausnahmsweise erscheint das Subject im acc.:
2 inf. Opp. 391 und 392 (3 inf. mit γυμνόν), 592 (ἐζόμενον
v. 593), 715 (πολύξεινον — ἄξεινον), 736 (ἀπονοστήσαντα v. 735), 749
(ἀνελόντα v. 748), endlich 807, an welcher St. es jedoch wegen des
kritisch unsicheren ὀπιπτύοντας zweifelhaft bleiben muss, ob der imp.
Inf. die 2. pers. sing. oder pl. vertritt; folgen wir Göttl.-Flach und
Rzach, so trifft das letztere zu. — 8 Fälle.

β) Der imp. Inf. ist gerichtet an die 3. pers.

Das Subject steht regelmäßig im acc.

Opp. 753 (ἀνέρα v. 754), 807 ὑλοτόμον ταμεῖν.

Eine scheinbare Ausnahme bildet Opp. 459. Siehe oben p. 10, 3.

Resumé.

Die Art und Weise, wie das Subject beim imp. Inf. ausgedrückt wird, stimmt mit dem Homerischen Gebrauch im allgemeinen überein, vgl. Hoehne a. a. O. p. 12. Der nom. als Subjectscasus bietet nichts Auffallendes dar; die Person, welche den Befehl
erhält, wird handelndes Subject, und für dieses ist ja der eigentliche
und älteste (vgl. Jolly, Gesch. d. Inf. p. 181) Casus der nom.
Dagegen befremdet umsomehr der accus. in der Gruppe β. Hoehne
gibt folgende Erklärung a. a. O. p. 12 und 31. Wenn der Befehl
an eine 3. pers. gerichtet sei, so sei zu unterscheiden, ob man die
pers. als subiectum agens auffasse oder nicht. Im ersten Fall sei
der accus. am Platz, „qui ad normam grammaticam cum inf. com-
ponitur"; im zweiten Fall, wo infolge der Abwesenheit der beauf-
tragten Person die Vorstellung einer bestimmten Person überhaupt geschwunden sei, stehe wieder der accus., insoferne dann
eben das Subject, des Begriffs der Persönlichkeit ent-
kleidet, der Anschauung mehr als Object vorgeschwebt sei. So
deute ich mir wenigstens die etwas unklare Auseinandersetzung
p. 31. Aus dem ganzen an die rationalistische Grammatik gemah-
nenden Raisonnement blicken lebhaft die bekannten Schömannschen
Gedanken hervor, auf welche dieser Gelehrte auch seine Erklärung
des acc. c. inf. gründete.

der in seiner Gesch. d. Inf. p. 162 dem Subjectsacc. beim exclam.

inf. im Latein (mene desistere victam) eben jene Provenienz zu-schreibt. — Was endlich die Ausnahmen zur Gruppe α betrifft, so hat Hoehne eingehend darüber gesprochen a. a. O. p. 29, 31, 33. Der beschränkte Raum verbietet mir, näher darauf einzugehen. Könnte man dieselben nicht vielleicht einfach als Folge eines gewissen, eben durch die Concurrenz zwischen der älteren und jüngeren Art der Subjectsangabe (nom. — accus.) entstandenen Schwankens des Sprach-gefühls erklären, das, nun einmal irre geworden, den für die 3. pers. eingeführten acc. auch auf die 2. pers. übertrug?

In dieser Mannigfaltigkeit des Gebrauches, wie wir ihn nun erörtert haben, steht der inf. pro imp. als eine äußerst interessante Spracherscheinung da. Während einerseits der ganze Gebrauch aus dem casuellen Leben der Form fließt, so haften dieser anderseits wieder alle Merkmale verbalen Wesens in einer Weise an, dass sie nahezu zum Range eines verb. fin. erhoben scheint. Durch alle genera verbi, durch alle Zeitarten fanden wir sie hindurchgeführt; ja nicht genug damit, auch die Geltung einer gewissen Person und Zahl beansprucht sie, wenn auch die letztgenannten Kategorien, wie wir gesehen, in eine gewisse Unbestimmtheit sich verlieren, da sie eben an der Form selbst keine Stütze finden. So zeigt sich gerade in diesem Gebrauch das eigenthümliche Wesen des Inf., wie wir es eingangs charakterisierten, in der schönsten Entfaltung, und wir werden keine zweite Gebrauchs-weise des Inf. mehr finden, wo wir das Ineinanderspielen des nomi-nalen und verbalen Elements in gleicher Weise zu bewundern hätten; denn nunmehr tritt bald das eine, bald das andere überwiegend hervor.

Da mir bezüglich des Homerischen inf. pro imp. keine erschöpfende Specialabhandlung mit übersichtlicher Bearbeitung des gesammten Stellenmaterials nach den von uns erörterten Beziehungen vorliegt (meines Wissens ist eine solche auch noch nicht erschienen), da ich vielmehr auf die wahrscheinlich nicht vollkommen erschöpfenden, von ganz anderen Gesichtspunkten aus veranstalteten Stellensamm-lungen von Hoehne a. a. O. beschränkt bin, so muss ich mich mit Verzicht auf eine gründliche Parallele mit oberflächlichen Andeutungen und approximativen Angaben begnügen. Jedenfalls ist der Gebrauch bei Homer schon reich und stark entwickelt. Wie bei Hesiod, ge-langen am imp. Inf. Homers alle genera verbi zur Ausprägung. Sehr zahlreich sind hier wie dort die activen Formen; unter den Arten des Med. fand ich die [bei Hesiod häufigen] Deponentia bei Homer am stärksten vertreten. Α 582, Ζ 93, 274, Ι 709, Λ 788 φάσθαι (da φάναι bei Homer nicht vorkommt), Φ 501, Ψ 605, ζ 261, ι 504,

ϰ 297, 299, 507, 536, λ 442, ν 308, 404, π 132; v i e l w e n i g e r
Belege kann ich anführen für das bei Hesiod numerisch weit überwiegende indirecte Medium: *I* 279, 281, 288, *Δ* 788, *δ* 408, ϰ 518.
Geringe Verwendung fand bei beiden Epikern das directe Medium;
bei Homer nach Hoehues Sammlung nur *O* 347, *Ψ* 343, η 222, ϰ 528,
π 151, σ 267. Das dynamische Medium, bei Hesiod selten, kann ich
aus Homer gar nicht, das bei Hesiod ebenfalls vereinzelte causative
nur durch eine Stelle, σ 270, belegen. Für den bei Hesiod an 2 Stst.
vorkommenden passiven Gebrauch des imp. Inf. liegt mir nur ein
Hom. Beispiel vor, *Ψ* 335.

Was die Z e i t a r t betrifft, so ist einer Masse imp. Inf. bei
Homer die d a u e r n d e Z e i t a r t eigen; jedoch nur mit Bezug auf
i n d i v i d u e l l e, c o n t i n u i e r l i c h e Handlungen. Positive Fälle:
·*A* 323, *B* 10, *E* 124, 606, *I* 256, 708, 709, *K* 65, *O* 148, 347, *T* 338,
Ψ 334; β .305, δ 416, 419, ζ 258, 261, 298 (*ἴμεν*), 311, ο 12,
ϰ 405, 507, 512, 521, λ 121, 132, 250, μ 58, 109, 124 (*ἐλάαν*), 164, ο 33,
34, 543, π 132, 277, ρ 600, χ 439, ψ 365. An einigen Stst. tritt
der Begriff der Dauer weniger hervor; z. B.: *A* 20, *Γ* 286, 459,
I 288, *Π* 454, *X* 259, ϰ 518, 527, λ 456. Negative Fälle: *Δ* 42,
E 130, *K* 238, *Π* 839, *Ψ* 83; ϰ 536, λ 72, ν 308, ρ 278, σ 106.
An eine u n t e r b r o c h e n e Dauer der Handlung k a n n man
denken in folgenden Fällen: *B* 75 (zugleich conatus), *Δ* 71, *E* 132;
γ 19, ζ 298 *ἐρέεσθαι*, μ 124 (*βωστρεῖν*), π 278, χ 443. Dagegen
finden sich sehr wenig imp. Inf. bei Homer, welche ein „G e b o t" ausdrücken, positiv λ 443, negativ λ 441, 442, so dass also, diesen
Gebrauch betreffend, Homer, der reine Epiker, geradezu in Gegensatz tritt zu dem mehr didaktischen Hesiod, vgl. ob. p. 10 Re-
sumé. Die häufigste Nuance des Hesiodeischen Präsensinfinitivs,
der i t e r a t i v e Gebrauch (p. 9 αα) scheint bei Homer unvertreten zu
sein. — Die e i n t r e t e n d e Z e i t a r t (Aor.) fand ich, abweichend von
Hesiod, vgl. oben p. 10, am imp. Inf. mindestens ebenso oft wie die
dauernde. Gewöhnlich hat der Aor. — was wieder mit dem Hes.
Gebrauch übereinstimmt — f a c t i s c h e Bedeutung: *A* 20, *Γ*285, *Δ*42,
64, *E* 262, 264, *Z* 92, 93, 274, *H* 79, 461, 462, *I* 279, 281, *O* 159,
P 692, *T* 194, *T* 335, *Φ* 535, *X* 342, *Ψ* 335, 337, 340, 551, 605;
α 291, δ 408, 422, ζ 295, 304, ϰ 511, 517, 528, 531, ν 307, 404,
ξ 396, 399, ο 37, 38, 40, 152, π 151, 285, σ 270, τ 320. Negative Fälle (ϰ 297) vereinzelt wie bei Hesiod. I n g r e s s i v e und
e f f e c t i v e Aoriste wie bei Hesiod sehr sporadisch. Ingr. vielleicht
Φ 341 σχεῖν, effect. *T* 147, mit Bezug auf v. 140, wo es in Gegensatz steht zu ὑπέσχετο (v. 141). — Ebenso unbedeutend wie bei Hes.
ist die Verbreitung des imp. Inf. in der Perfectsphäre (v o l l e n d e t e
Z e i t a r t), *Ψ* 343, λ 443, σ 267.

Wie bei Hesiod ist der imp. Inf. auch hier gewöhnlich an die
2. p e r s. s i n g. gerichtet; vereinzelt ist bei beiden Dichtern die
Beziehung auf mehrere Personen (Hom. *B* 75, *E* 606, *Ξ* 501, μ 164).
Entsprechend den wenigen Hes. Fällen, wo der Befehl einer dritten
Person gilt, wäre *Z* 92, 93.

Bezüglich des Subjectscasus zum imp. Inf. gilt im allgemeinen bei beiden Dichtern dieselbe Norm (vgl. oben p. 11), doch ist dieselbe bei Homer, wie es scheint, streng durchgeführt, während wir bei Hesiod mehrere Abweichungen bemerkten.

b) Epexegetischer Infinitiv.

1) Bei Verben.

Wir wenden uns nun der Betrachtung derjenigen Inf. zu, welche, epexegetisch an Verba der Bewegung, des Gebens und Empfangens und an mehrere andere von verschiedener Bedeutung angefügt, wiederum die final-consecutive Kraft besonders stark hervorkehren. Die Homerischen Parallelen fügen wir gleich hinzu.

α) Rein final, scheint mir, ist der Inf. zu fassen:

αα) An Stst., wo das Subject des Inf. identisch ist mit dem des Hauptverbs.

Theog. 480 (2 inf.), ähnlich Hom. O 190; theog. 610[13]). Bei Homer keine Analogie.

Scut. Herc. 176[14]), ähnl. Fälle bei Hom. häufig; scut. Herc. 358, ähnl. Hom. *M* 377. Opp. 457, ähnlich bei Hom. der Inf. nach μέλει μοι.

ββ) An Stst., wo das Subject des Inf. identisch ist mit dem Object des verb. fin.

Theog. 500, bei Hom. ähnliche Fügungen häufig, gewöhnlich am Ende des Verses μέγα κλέος ἔμμεναι, ἕρχος ἔμεν, τέρας ἔμμεναι, πῆμα γενέσθαι u. dgl., welche gerade für den epischen Stil charakteristisch sind; theog. 784 (unsichere Leseart), ähnl. Hom. *Γ* 117. — Im ganzen 8 Fälle.

β) Der Inf. schwankt zwischen finaler und consecutiver Bedeutung; diese Erscheinung dürfte in der vagen Bedeutung des finalen Dativs begründet sein, welche die feinern Distinctionen wie die zwischen Zweck, beabsichtigter Folge oder Wirkung, bloß vorgestellter (möglicher) Wirkung nur aus dem Zusammenhang errathen lässt (vgl. bereits Wilhelm a. a. O. p. 33, Meierheim a. a. O. I. p. 26), welche aber in der weiten Allgemeinheit der Genetiv- und Accusativbedeutung ein bedeutsames Analogon findet. Vgl z. B. Holzweißig a. a. O. p. 35, 36.

αα) Das Subject des Inf. ist mit dem des verb. fin. identisch. Scut. Herc. 353, ähnl. Hom. *Ω* 716.

Opp. 377, häufig so bei Hom. L. Meyer a a. O. p. 48; Krüger, Gr. Sprachl. Dial. 55, 3, 22.

---

[13]) Der Inf. ist schwer verständlich, weswegen Schömann-Peppmüller nach Wopkens ἔμμενες schreiben.

[14]) Es heißt zwar κοτέοντε μάχεσθαι; der Ingrimm könnte allerdings nicht wohl beabsichtigt sein, doch dürfte κοτέοντε dem adv. „grimmig" nahekommen.

ββ) Das Subject des Inf. ist mit dem Dativobject des verb.
fin. identisch.

Theog. [219] und ganz gleiche Constr. Theog. 906[15]). Ähnl.
bei Homer *Δ* 798; theog. 303. Bei Homer keine Analogie. Theog.
[819], ähnl. Hom. *Ξ* 268.

Scut. Herc. 329 (2 inf.), ähnl. die gerade angeführte St.
Homers *Δ* 798 u. a.

γγ) Das Subject des Inf. ist mit dem Accusativobject des verb.
fin. identisch.

Theog. 181; ähnlich bei Homer *Φ* 120; theog. 410, ähnlich
Hom. *Ξ* 268, wo allerdings das verb. fin. ein anderes ist. Endlich
scut. Herc. 166, ähnl. Homer häufig. — Im ganzen 11 Fälle. Nicht
recht verständlich ist der Inf. fragm. 142, 2 (Göttl.-Fl. 77); man
müsste ihn denn pleonastisch zu *ὀνόμην' ὄνομ'* hinzugefügt denken.

Dabei ist noch zu bemerken, dass der Inf. an den Stst. theog.
303, [819], scut. Herc. 166, 329, opp. 377, wenn man ihn schon in
consecutiver Bedeutung auffassen will, hinsichtlich seiner Energie,
könnte man vielleicht sagen, bereits um einen Grad schwächer sich
zeigt, insofern er nicht mehr die w i r k l i c h e, sondern bloß die
v o r g e s t e l l t e, m ö g l i c h e F o l g e bezeichnet, insofern er also aus
dem Gebiet der R e a l i t ä t in das der V o r s t e l l u n g zurückgetreten
erscheint[19]).

Was die Verba betrifft, die den epexeg. Inf. bei sich haben,
so könnte man dieselben nach folgenden Kategorien ordnen:

1) Verba der Bewegung: *ἄγομαι* theog. 410, *εἴκειν* scut. Herc.
353, *πέμπειν* theog. 784, *ῥίπτειν* theog. 181, *συμφέρεσθαι* scut. Herc. 358.

2) Verba des Gebens und Empfangens: *δαίω* theog. 303, *δίδωμι*
theog. 219, 819, 906, scut. Herc. 329; *δέχομαι* theog. 480.

3) Verba verschiedener Bedeutung: *ἀντιπεριζειν* theog. 610,
ἐγείρειν scut. Herc. 176, *εἶναι* opp. 377, *ἐπιφαίνομαι* scut. Herc. 166,
μελέτην ἔχειν opp. 457, *ὀνομαίνειν* fragm. 142 (Göttl.-Fl. 77), *στηρίζειν*
theog. 500.

Was ergibt sich nun zum Schluss aus den vergleichenden
Blicken, die wir auf Homer geworfen haben? Schon aus dem

---

[15]) Man kann in beiden Stst. das *ἀγαθόν τε κακόν τε* zu *ἔχειν* oder zu *διδοῦσι*
ziehen; im ersten Fall würde der Inf. das Accusativobject vertreten, Hentze Zeitschr. für Gymnasialw. 1866 p. 730 bringt ähuliche Fälle aus Homer bei; mir
kommt aber natürlicher und dem Geiste sonstiger Hom.-Hesiodischer Fügung
angemessener die zweite Beziehung vor: *δίδωμι* hat seine gewöhnlichen zwei
Objecte, der Inf. ist finalconsecutive Epexegese.

[19]) Gewissermaßen gehören auch die Verba der Qualification noch hieher,
nach denen der Inf. durchaus die Bedeutung der vorgestellten, möglichen Wirkung hat. Vgl. unten unter verba auxiliaria, 2. Doch sprechen triftige Gründe
dafür, diese Gruppe der Kategorie der Hilfsverba zuzuweisen, vgl. ebendort.

Umstande, dass sich mit sehr geringen Ausnahmen für jede Hesiod-
stelle eine vollkommen oder wenigstens dem Wesen der Structur
nach zutreffende Parallelstelle aus Homer beibringen ließ, können
wir den Schluss ziehen, dass hier Hesiod noch ganz dieselben syntaktischen Bahnen wandelt, wie sie Homer gebrochen; nur ist natürlich diese Bahn bei Hesiod eine viel schmalere, insofern der Gebrauch bei ihm auf wenige Fälle beschränkt ist, während bei Homer,
sowohl was die verb. fin. als was die Inf. betrifft, eine reiche
Mannigfaltigkeit des Ausdrucks sich findet.

Eine Varietät der erörterten Epexegesen bietet der consec. Inf.
in Begleitung von ὥστε dar, bei Hesiod allerdings nur durch 2
Fälle vertreten: theog. 831 und opp. 44. Behufs richtiger Auflas-
sung der Stst. scheint es geboten, auf die Ergebnisse der ein-
schlägigen Homerischen Forschung zurückzugehen.

Schon Kühner, Ausführl. Gramm. der griech. Sprache, 2. Aufl.
p. 1001 hatte die Einsicht, dass die Entwicklung der consecutiven
Nebensätze erst einer spätern Sprachperiode angehöre, dass bei Homer
und auch bei Hesiod nur vereinzelt ὥστε mit dem (Indicativ und)
Infinitiv vorkomme und an diesen Stst. statt ὥστε c. inf. der bloße
Inf. stehen könnte, mit dem sich sonst die ältere Sprache begnügt
habe. Vgl. auch Krüger, Griech. Sprachl. Dial. 55, 3, 20. Die
weitere Untersuchung der Sache, angeknüpft an die Homerstst.
Ι 42, ϱ 21 (die einzigen Belege des ὥστε c. inf. bei Homer) hat
über diese Spracherscheinung noch mehr Licht verbreitet. Die
hieher gehörige Litteratur ist bei Dr. J. Sturm in der p. 4 Anm. 2
citierten Schrift p. 16 ff. zusammengetragen. Indem Sturm die viel
discutierten Homerstst. einer nochmaligen Betrachtung unterzieht,
gelangt er zu Ergebnissen, die sich kurz etwa so zusammenfassen
lassen. Der Inf. hieng ursprünglich unmittelbar vom verb. fin. ab,
war ihm als epexegetischer Zusatz der oben besprochenen Art bei-
gegeben, ὥστε tritt als Vergleichungspartikel[17]) hinzu, die aber, wie
wir soeben schon von Kühner hörten, ebensogut fehlen konnte.

---

[17]) Die Acten über die Bedeutung von ὥστε sind noch nicht geschlossen.
Am wahrscheinlichsten ist mir die von Herzog a. a. O. p. 17, Capelle, Recens.
p. 111, ähnlich Delbrück, De inf. Graeco, dissertatio Hal. 1863 p. 33 vertretene
Ansicht, dass ὥστε auch hier wie sonst bei Homer als relative Vergleichungspartikel „wie irgend" zu fassen sei. Nur ist es hiebei möglich, dass durch
Einfluss der indefiniten Bedeutung des τε (vgl. hierüber Curtius Etym. 5. Aufl.
p. 487), wenn man sich die Partikel in der Verbindung mit ὥς noch lebendig
wirksam denken will, der Sinn von ὥστε in der von Kvíčala Zeitschr. für österr.
Gymn. 1864 p. 405, 408 erörterten Weise modificiert und ὥστε mit Verflüchti-
gung der ursprünglichen comparativen Bedeutung eine Verstärkungspartikel
wurde, „ganz und gar, durchaus". Jedesfalls hat es adverbielle Geltung und
kann schwerlich als präpositionsartige Partikel gelten, wie Jolly a. a.
O. p. 221 will, gegen dessen Meinung bereits Meierheim a. a. O. II. p. 2 mit
Recht angekämpft hat.

In beiden Fällen aber, beim einfachen Inf. und dem von ὥστε begleiteten, herrscht noch die Einheit des Satzes, und die Zweitheilung in Haupt- und Nebensatz hat sich erst vollzogen, nachdem 1) das ursprüngliche Abhängigkeitsverhältnis des Inf. vom Prädicat des Hauptsatzes geschwunden war, wozu insbesondere der Eintritt des Subjectswechsels (inf. c. acc.) beitrug, und nachdem 2) nach Verdunkelung der ursprünglichen (sei es nun comparativen oder verstärkenden) Bedeutung des ὥστε die im Inf. oder, besser gesagt, im ·Contexte liegende consecutive Kraft, vom Sprachgefühl auf die Partikel übertragen, diese zur eigentlichen consecut. Conjunction gestempelt hatte, ein Process, welcher bereits der nachhomerischen Zeit angehört. Demzufolge würde sich die ganze Entwicklung so darstellen:

    a) Vorstufen zur Bildung des Consecutivsatzes:
        1) Consecutiver Inf. allein.
        2) Ebenderselbe, von ὥστε, einer comparativen. resp. verstärkenden Partikel begleitet. — In beiden Fällen strenge Wahrung der Satzeinheit.
    b) Entwicklung des eigentlichen Consecutivsatzes; ὥστε als Conjunction, der Inf. verbal gefühlt. Zweitheilung des Satzes.

Betrachten wir nun unter diesen Gesichtspunkten unsere Hesiodstst., so stehen auf der ersten Vorstufe die oben unter *b*) *β*) angeführten epexeget. Inf., die consecutive Auffassung derselben natürlich vorausgesetzt. Für die zweite Vorstufe bietet einen Beleg die bereits cit. St. theog. 831; συνιέμεν ist consecut. Inf.: ὥστε könnte auch fehlen und beweist eben damit, dass es in ursprünglicher Bedeutung steht und noch keineswegs die Geltung einer eigentlichen Conjunction hat.[18] Ähnlich Homer in den oben erwähnten 2 Stst. — Eine vorgeschrittene, über Homer bereits weit hinausgehende Entwicklungstufe scheint mir die Constr. an der 2. St. opp. 44[19] einzunehmen. Schon der wenigstens formelle Subjectswechsel hindert uns, den Inf. streng vom verb. fin. ἐργάσαιο abhängen zu lassen, also an der Satzeinheit festzuhalten; auch die Auslassung des ὥστε wäre hier schwer möglich, eine Hindeutung darauf, dass es bereits Conjunction geworden. So möchte ich hier bereits einen regelrechten Consecutivsatz mit schärferer Scheidung von Haupt- und Nebensatz annehmen, und sehe mich mit dieser Auffassung zu meiner Freude in Übereinstimmung mit Paulus Schneider a. a. O.,

---

[18] Daher kann ich mich mit der Ansicht von Paulus Schneider, De elocutione Hesiodea commentatio, pars prior, Berlin 1871. pag. 33, welcher mit Bezug auf unsere St. sagt „quantumvis in vocula aliquantulum pristinae potestatis sentiri, qua particula comparativa est, non infitier, attamen praevalere vim consecutivam, constructio infinitivi aperte declarat", nicht vollkommen einverstanden erklären.

[19] Wir lesen mit Göttl.-Flach und Rzach ὥστε (Göttl.-Fl. u. Rzach) σε κεἰς (Rzach) ἐνιαυτὸν ἔχειν καὶ ἀεργὸν ἐόντα; ὥστε καὶ εἰς, wornach das σε entfallen würde, ist bloß eine Conjectur Hermanns.

welcher sagt, „Hunc locum ὁηιδίως γάρ κεν κ. τ. λ. nihil a sermone Attico differre quivis videt."

Wir kommen nun zu einer, wie Jolly sagt, für den griech. Inf. besonders charakteristischen Erscheinung, seiner häufigen Verbindung mit Adjectiven.

2) Epexeg. Inf. bei Adjectiven.

Aus der ganzen Masse dieser Verbindungen scheide ich zunächst eine Gruppe von Fällen aus, welche zwei besondere Eigenthümlichkeiten griech. Sprachgebrauchs aufweisen. Scut. Herc. 386 χαλεπὸς προιδέσθαι | κάπρος; vgl. damit Hom. Ψ 482.

Opp. 484 ἀργάλεος δ' ἄνδρεσσι καταθνητοῖσι νοῆσαι (scil. Ζηνὸς νόος αἰγιόχοιο), ähnl. Hom. Α 589 und mehrere andere Hom. Stst. Vgl. Nägelsbach, Anmerkungen zur Ilias zur St. Opp. 761 und 762 φήμη . . . κακὴ πέλεται κούφη μὲν ἀεῖραι | ῥεῖα μαλ' ἀργαλέη δὲ φέρειν, χαλεπὴ δ' ἀποθέσθαι. Für κοῦφος mit Inf. ist bei Homer kein Beleg zu finden, ähnlich ist Μ 53.

Charakteristisch ist nun diesen Fügungen: 1) die persönliche Construction, die aber gerade im Gegensatz zu der dem Deutschen geläufigern unpersönlichen einen Idiotismus des Griechischen bildet, wie dies Classen, Beobachtungen über den Homerischen Sprachgebrauch p. 219 so hübsch dargelegt hat. 2) Bei persönlicher Construction wären dann, streng logisch genommen, passive Inf. zu erwarten, während wir active und mediale gefunden haben, ein Indifferentismus, möchte ich sagen, gegen das Genus, der dem Griechischen mit dem Deutschen gemeinsam ist und eine Reliquie aus jener ältern Sprachperiode sein dürfte, wo die Genusunterschiede am Inf. noch nicht ausgeprägt waren; ähnlich schon Meierheim a. a. O. I. p. 33. Wie nämlich Jolly a. a. O. p. 166 ff. am Gothischen nachweist, ist die Durchführung der (Tempus- und) Genusunterschiede am Inf. viel später erfolgt als beim verb. fin., und es muss, wie dies Jolly a. a. O. p. 172 für das Arische und Gothische constatiert, auch in der Entwicklung des Griechischen eine Zeit gegeben haben, wo beim Inf. als einem ursprünglichen Nomen, das mit dem Genus von Hause aus gar nichts zu schaffen hatte, vgl. Delbrück, Synt. Forsch. IV. p. 123, die Genusunterschiede „noch in traumhafter Unbewusstheit neben einander lagen."

Was nun die Bedeutung jener Inf. betrifft, so hat bereits Meierheim a. a O. II. p. 4, 5 für Homer gezeigt, dass die Analogie der verwandten Sprachen (leicht zu thun, facilis factu = factui) auf die ganz befriedigende Erklärung aus der Dativnatur des Inf. hinführe, dass man also nicht erst den Accusativ der Beziehung zu Hilfe zu rufen brauche, um die Construction aufzuhellen. Da nun ein ganz hervorragender Sprachforscher der Gegenwart, Jolly, gerade diesen Weg, durch Nachweis homogener oder verwandter Fälle in der eigenen Muttersprache die Entscheidung dem „nie fehlgehenden Sprachgefühl zuzuspielen" (Curt. Stud. VI. p. 227, vgl. auch p. 237) wärmstens empfiehlt, „um auf dem Meere der syntaktischen For-schung der gefährlichen Klippe des Subjectivismus der ältern" Grammatiker zu entgehen", da ferner das Sprachgefühl uns that-sächlich dergleichen Inf. entschieden in finalem Sinne empfinden lässt (man vgl. die deutschen Übersetzungen: „Ein Eber, grässlich zu erschauen = zum Erschauen; des Zeus Sinn ist schwer zu erkennen = zum Erkennen u. s. w.), so wird man keinen Anstand nehmen, diese schlagende Analogie, abgesehen freilich von der contro-versen lateinischen, als eine hinreichende Stütze der Meierheimschen Ansicht zu betrachten, die eben hinsichtlich Hes. auch die unsrige ist.

Die übrigen Fälle lassen sich nun nach dem Verhältnisse der beiden Subjecte des Inf. und verb. fin. in drei Gruppen ordnen:
α) Subjectsidentität. Theog. 439 *ἰσθλὴ* (erg. *θεά*) .... *παρεστάμεν*, ähnl. Hom. *ρ* 347, welches Beispiel freilich erstens statt *ἰσθλός* nur ein sinnverwandtes Adjectiv aufweist (*ἰσθλός* kommt in dieser Ver-bindung bei Homer nicht vor) und dann mit seiner Construction nach der frühern Gruppe hinüberspielt; Theog. 444, ganz analog dem vorhergehenden Fall.

Opp. 438 *τῷ* (erg. *βόε*) *ἐργάζεσθαι ἀρίστω*; vollkommen ent-sprechend Hom. *Z* 79, *η* 328. Opp. 445/6 *οὔτι νεώτερος ἄλλος ἀμείνων* | .... *δάσσασθαι καὶ* ..... *ἀλέασθαι*; vollkommen analog Hom. *β* 180.

β) Subject des Inf. mit dem Dativobject des verb. fin. identisch. Opp. 429 *βουσὶν ἀροῦν ὀχυρώτατός ἐστιν* (erg. *γύης πρίνινος*). Bei Homer, wenigstens nach der Sammlung von Albrecht, keine Ana-logie zu finden.

Opp. 784/5 *κούρη δ'οὐ σύμφορός ἐστιν* | (erg. *ἔκτη ἡ μέσση ἡμέρα*) | *οὔτε γενέσθαι* .... *οὔτ'* .... *ἀντιβολῆσαι*. *Σύμφορος* scheint in solcher Verbindung bei Homer nicht vorzukommen.

Opp. 785—787 *οὐδὲ μὲν ἡ πρώτη ἔκτη κούρῃ γε* (*γε* ist Conjectur von Rzach, die wir als sehr wahrscheinlich in den Text aufnehmen) *ἄρμενος*. Bei Homer, soviel ich aus Albrechts Sammlung ersehe, nichts Entsprechendes.

Opp. 812/3 *ἐσθλὴ* (erg. *πρωτίστη δ' εἰνὰς*) ... *ἥδε φυτευέμεν ἠδὲ γενέσθαι* | *ἀνέρι τ'ἠδὲ γυναικί*. Bei Homer nichts Analoges.

γ) Subject des Inf. allgemein (*τις*).
Opp. 767 *πεφραδέμεν δμώεσσι. τριηκάδα μηνὸς ἀρίστην* | *ἔργα τ' ἐποπτεύειν ἠδ'* .... *δατέασθαι*; ganz ähnl. opp. 814/5 *παῦροι δ'αὖτε ἴσασι τρισεινάδα μηνὸς ἀρίστην* | [*ἄρξασθαι* .... *καὶ* .... *θεῖναι*] und ebenso Opp. 781 *φυτὰ δ' ἐνθρέψασθαι ἀρίστη* (erg. *τρισκαιδεκάτη*). Bei Homer keine genaue Parallele zu finden.

Opp. 774/5 *ἑνδεκάτη τε δυωδεκάτη τ' ἄμφω γε μὲν ἐσθλαὶ* | *ἠμὲν* ... *πείκειν, ἠδ'* .... *ἀμάσθαι*. Bei Homer nichts Entsprechendes. Opp. 786/7 .... *τάμνειν* ... *ἀμφιβαλεῖν* .... *ἤπιον ἦμαρ*. Bei Homer keine Parallelstelle.

Die Inf. dieser Gruppe haben dieselbe Function wie die Inf. nach Verben der Qualification (vgl. Abschn. II, 2). Sie hängen nämlich von Adjectiven ab, die eine Fähigkeit bezeichnen: *ἄρμενος* passend, *ἐσθλός* (*ἀμείνων*, *ἄριστος*) gut = tauglich, *ἔξοχος* vor-

trefflich (geeignet), *ἥπιος* freundlich (geartet zu etw.), *ὀχυρός* fest =
= durch Festigkeit geeignet, *σύμφορος* zuträglich (geartet zu etw.).
Der Inf. drückt dann die vorgestellte Wirkung aus, worin sich
jene Fähigkeiten bethätigen sollen. — Der Vergleich mit Homer
ergab ˈFolgendes: Den zuerst besprochenen Gebrauch mit seinen
zwei Idiotismen finden wir bereits bei Hom. ausgebildet, wenn
auch die aufgefundenen Parallelen mit unseren Stst. nicht ganz
congruent waren. In der zweiten, größern Gruppe jedoch konnten
wir bloß 2 Hesiodeischen Fällen vollkommen analoge aus Homer,
2 Hesiodstellen eine theilweise entsprechende aus Homer an die Seite
stellen. Eine Ausdehnung des Gebrauches bei Hesiod liegt in sämmt-
lichen Fällen der Rubriken *β*) und *γ*), wofür gar keine Analogien ·
aus Homer beigebracht werden konnten, also in den Verbindungen
von *ἐσθλός, ὀχυρός, σύμφορος* mit Inf. (Subject desselben = dem
Dativobject) und in den Constructionen von *ἄριστος, ἐσθλός, ἔξοχος,*
ἥπιος mit Inf. (Subject desselben allgemein).

3) Der Infin. bei einem Adverb (Construction mit *πρίν*)(?).

Es handelt sich nun weiter um Scut. Herc. 40, die einzige
Construction von *πρίν* mit Inf. bei Hesiod.

Die Construction (d. h. die Beschaffenheit des Inf. und sein
Verhältnis zu *πρίν*) ist trotz der von verschiedenen Gelehrten ange-
strengten Aufhellungsversuche noch immer, kann man sagen, ein
ungelöstes Problem. Selbst die neueste, sonst so treffliche Mono-
graphie über *πρίν* von Dr. Sturm, die schon öfter citiert wurde, hat
nach meiner unmaßgeblichen Meinung diesbezüglich keine recht·
befriedigende Erklärung gebracht. Der Kritik der frühern Er-
klärungsversuche, wie sie dortselbst p. 3—13 geübt wird, muss
man allerdings zustimmen. Die Unhaltbarkeit sowohl der (auch von
Jolly noch festgehaltenen) Ansicht, wonach *πρίν* präpositions-
artig vor dem Inf. steht, als auch der auf Annahme von Ellipsen
gegründeten Erklärungen von Bernhardy, Delbrück und Herzog wird
auf überzeugende Weise dargethan (pag. 8—10); auch die Ein-
wände gegen Meierheims und Tudeers Hypothese (p. 10, 11) sind
wohl begründet; desgleichen wird die Annahme von Richter als
unzulänglich erwiesen (p. 12). — Wenn dann aber Sturm selbst nach
Wagner, De usu part. *πρίν* Thucydideo et Xenophonteo, Rost.-
Suer. 1879 p. 6 ff. den fraglichen Inf. als einen solchen des Be-
zuges auslegt, als einen Inf., der limitierend zu dem Adverbium
πρίν = „vorher, eher“ hinzutrete und mit dieser Partikel nur die
Geltung einer adverbiellen Bestimmung der Zeit habe (wornach
also unsere Hesiodst. zu übersetzen wäre: Doch zu den Dienern und
Hirten des Feldes gieng er nicht eher in Bezug auf das Besteigen
des Lagers der Gattin), so kann ich auch gegen diese Auffassung
zwei ernste Bedenken nicht unterdrücken. Zunächst eines nicht, das
die Qualität des Inf. selbst betrifft. Sturm meint, dass die Wagner-
sche Erklärung vor allem deswegen volle Zustimmung verdiene, weil
sie mit der Natur des Homerischen Inf. im Einklange stehe; er

beruft sich auf Meierheim, der a. a. O. II p. 4 die zahlreichen hier
in Betracht kommenden Infinitive ganz gut mit dem dativischen
Grundbegriffe des Inf. zu vereinigen gewusst habe. Gerade das
letztere aber will mir nicht recht einleuchten. Denn Meierheims
Déduction leidet, wenn ich recht sehe, an dem Gebrechen, dass die
grammatische Kategorie, die, ich möchte fast sagen, nach dem mathe-
matischen Satze: „Wenn zwei Größen — der fragliche inf. relationis
und der factische Inf. mit seinem dativischen Grundbegriff — einer
dritten — dem accus. relat. — ähnlich sind, so sind sie auch unter-
einander ähnlich" die Verwandtschaft beider vermitteln soll, nämlich
ein „accusativus relationis, der aber noch die ursprüngliche Ziel-
und Richtungsbedeutung des Accusativs deutlich bewahrt habe", sehr
wahrscheinlich nur eine bloße Fiction ist und deshalb nicht in Betracht kommen kann. Denn nur allzu glaubwürdig scheint es, was
Holzweißig a. a. O. p. 34—36 vorbringt, dass der Grundbegriff
des Accusativs eben nur der der Determination des Prädicats
war, wobei aber die Art derselben durch den Accus. gar nicht ausgedrückt wurde, und dass die räumliche Bedeutung (also die
Bedeutung der Richtung und des Zieles) erst später und zwar
aus dem Accus. der Determination (zu dem natürlich auch
der acc. rel. gehört) sich herausentwickelte.[20])

Ist nun demnach schon die Verwandtschaft unserer Inf. mit
der Grundnatur des Inf. nicht klargestellt, so habe ich noch ein
zweites Bedenken, nämlich gegen die von Sturm angenommene
syntaktische Verbindung solcher Inf. mit dem adverbiellen πρίν als
Vergleichungsbegriff; diese Verbindung erscheint mir, aufrichtig
gesagt, etwas gezwungen und dürfte auch trotz Krüger 55, 3, 9,
wo Inf. bei Adverbien aufgezeigt werden, durch adäquate Beispiele
schwer zu belegen sein; denn das bei Sturm pag. 14 beigebrachte
ν 33/4 ist doch schon wegen der Verschiedenheit des gradus (Posit.,
πρίν hingegen Compar.) nicht ganz analog.

So bleibt uns also leider nichts übrig als die Erörterung unserer
Stelle, die übrigens bei Homer viele Analogien hat, vgl. Sturm a. a.
O. p. 15 ff., mit einem non liquet abzuschließen.

4) Inf. bei Substantiven.

Hieher gehören die für den epischen Stil besonders charakteristischen, bei Homer so häufigen Wendungen ϑαῦμα ἰδεῖν, ἰδέσϑαι,
ἀκοῦσαι u. ähnl. Dabei bildet ϑαῦμα eine Apposition

---

[20]) Nahe läge es, einen unmittelbaren, organischen Zusammenhang
zwischen dem fraglichen Inf. relationis und dem dativischen Grundbegriff des
Inf. damit herzustellen, dass man die Beziehung oder Rücksicht einfach als
metaphorische Übertragung der von Meierheim so oft hervorgehobenen significatio
inclinationis et intentionis aliquo directae des Inf. (man denke an die Grundbedeutung des anzustrebenden Zieles) auffasste, wornach unsere St. den Sinn
gäbe: Zu den Dienern und Hirten gieng er nicht eher in Bezug d. h. eigentlich
„in der Richtung" auf das Besteigen des Lagers der Gattin. Doch muss ich selbst
gestehen, dass diese Erklärung nicht frei von Geschraubtheit ist.

α) zu einem einzelnen Subst.;

β) ist Ausdruck eines Urtheils über den ganzen vorhergehenden Satz.

α) Theog. 575, ϑαῦμα ἰδέσϑαι, auf καλύπτρην (v. 574) bezogen; theog. 581 derselbe Ausdruck in Bezug auf δαίδαλα. — Scut. Herc. 140 derselbe Ausdruck, auf σάκος bezogen; scut. Herc. 218 ϑαῦμα .. φράσσασϑ'(αι), auf die Figur des ἱππότα Περσεύς gehend; scut. Herc. 224 ϑαῦμα ἰδέσϑαι, auf κίβισις bezogen.

β) Theog. 834 ϑαύματ' ἀκοῦσαι; die ϑαύματα sind eben die von 830—834 geschilderten verschiedenartigen Stimmen des Typhoeus. Scut. Herc. 318 ϑαῦμα ἰδεῖν ist wohl auf die Gegenstände der ganzen vorhergehenden Darstellung 315—318 zu beziehen, vielleicht aber zusammenfassend auf σάκος, so dass der Fall zu α) gehörte. Fragm. 33 (Göttl.-Flach 44), 4 ϑαῦμα ἰδέσϑαι, bezogen auf die v. 2—6 bezeichneten Verwandlungen in verschiedene Thiergestalten.

Der Inf. ist in diesen Fällen in derselben Function an ϑαῦμα wie oben (p. 19) an die Adjective angefügt. Θαῦμα ἰδεῖν ist ja auch gleich zu achten einem ϑαυμαστὸν ἰδεῖν; auch das erinnert an jene Fälle zurück, dass der act. oder mediale Inf. eigentlich statt des passiven steht. — Der Casus des ϑαῦμα ist Nomin. oder Accus., die Ausdrücke bilden gewöhnlich (Ausnahmen bloß Scut. Herc. 218, 318) Versschluss. — Die Wendungen ϑαῦμα ἰδεῖν und ἰδέσϑαι sind bereits Homerisch (vergl. Meierheim a. a. O. II. p. 4, 5), die Verbindungen ϑαῦμα ἀκοῦσαι und ϕράσσασϑαι scheinen erst dem Hesiod anzugehören.

Soweit wir bis dato den Inf. bei Hesiod verfolgten, hatte er überall (mit Ausnahme der dunkeln Constr. nach πρίν) finale oder consecutive Kraft, letztere freilich häufig schon zum Ausdruck der vorgestellten Folge oder Wirkung abgeschwächt. Nun betreten wir aber ein Gebiet, wo er seines casuellen Charakters gleichsam verlustig wird und überwiegend verbales Wesen offenbart, ich meine das Gebiet der Hilfsverba (verba auxiliaria)[21].

Wir betrachten also

II. Das Hervortreten der verbalen Kraft des Inf. unter dem Einflusse der verba auxiliaria.

Wie alle Sprachentwicklung auf sinnliche Grundvorstellungen zurückgeht, so entbehren auch die spätern verba auxiliaria im Griechischen keineswegs einer concreten Grundbedeutung. Freilich gelingt es nicht, bei allen Verben dieser Art ihre Urbedeutung sicher

---

[21] Wir nehmen das Wort im weitesten Sinne und verstehen darunter Verba, welche, ihrer ursprünglichen Bedeutungsfrische verlustig, soweit abgeschwächt sind, dass sie einer begrifflichen Ergänzung geradezu bedürftig geworden sind. Näheres oben.

und **exact** zu erschließen, was freilich für die richtige Auffassung
der abhängigen Infinitive sehr vortheilhaft wäre. Die Etymologie von manchen liegt noch gänzlich im dunkeln oder ist nur
halb aufgehellt, insofern die über die Wurzelbedeutung geltenden
Ansichten nur den Wert von Vermuthungen ohne streng wissen-
schaftliche Begründung haben. So sind wir in solchen dunkeln oder
zweifelhaften Fällen auf den Sprachgebrauch als einzige Er-
kenntnisquelle angewiesen, aus der wir aber natürlich umsoweniger
immer die erwünschte genaue Aufklärung schöpfen können.

Doch lässt sich über den Entwicklungsgang, den die Infinitiv-
constructionen bei solchen Verben genommen, im allgemeinen etwa
Folgendes sagen. Das ursprüngliche Verhältnis, welches wir dem
Gesagten zufolge allerdings nicht in allen Fällen mehr strenge
nachweisen können, ist dies: Zu dem mit sinnlicher Bedeutungsfülle
ausgestatteten verb. fin. trat der finale Infinitiv als Zweck- oder Ziel-
(oder Richtungs-)bestimmung, z. B. Scut. Herc. 22 ἐπείγετο ... ἐκτε-
λέσαι μέγα ἔργον, ursprünglich „er fühlte sich gedrängt, getrieben
zum Vollenden des großen Werkes"[22]). Dabei blieb aber die Sprache
nicht stehen; einem allgemeinen Entwicklungsgesetz derselben folgend,
verblasste die sinnliche Bedeutung der Verba fin. zu abstracter, wo-
durch dieselben einer begrifflichen Ergänzung geradezu bedürftig
wurden. Bei der engern Verbindung, die nunmehr der diese Ergänzung darbietende Inf. mit dem verb. fin. eingieng, konnte dieser
natürlich nicht mehr als lockere adverbiale Bestimmung gefühlt
werden, sondern musste, indem er nur mehr die nach genus und
actio bestimmte Handlung an sich auszudrücken hatte, seine verbale Seite hervortreten lassen.[23]) So können wir Jollys Ansicht

---

[22]) Wir wollen natürlich nicht behaupten, dass jenes „ursprüngliche Verhältnis" dem Sprachgefühle der Griechen stets vorgeschwebt habe; es soll nur
gezeigt werden, dass bei historischer Betrachtung der Sache, beim Zurückgehen
auf die größere Bedeutungsfrische, die jene Verba doch einmal besessen haben
müssen, die casuelle Erklärung des Inf., wie sie im ersten Cap. unseres Auf-
satzes festgehalten wurde, auch hier noch eine ebenso fruchtbare wie befriedigende Anwendung zulässt. Was berechtigt uns aber, könnte man einwenden,
zur Behauptung, dass jene Infinitiv-Constructionen bis in jene frühe Zeit zurück-
reichen, wo die Verba fin. noch in sinnlicher Bedeutungsfülle erblühten? Ein
stricter Beweis lässt sich allerdings dafür nicht führen, sondern nur die Erwägung
geltend machen, dass schon der Begriff jener Verba, welcher auf ein durch ein
Subst. nicht leicht bezeichenbares Ziel hinweist, jene Verbindung recht früh
herbeiführen musste. Einige Fälle sind freilich auszunehmen, wo nicht die
Grundbedeutung, sondern erst eine abgeleitete geeignet war, die Verbindung
mit einem Inf. einzugehen.

[23]) Meierheim sucht den Grund der ganzen Umwandlung des Inf. mehr
in diesem selbst a. a. O. II. p. 1, 2. Da der Inf. — so argumentiert er — seinen
metaphorisch gefassten Begriff der inclinatio et intentio aliquo directa gleichsam
auf das verb. fin. übergehen lässt, so bleibt für ihn selbst nur die verbale Natur

24

Gesch. d. Inf. p. 218 vollkommen unterschreiben, „dass durch die
Verbindung mit Hilfsverba der Inf. seiner casuellen Kraft beraubt
und in immer engere Verbindung mit dem System der Verbal-
formen hinübergedrängt worden sei". Vgl. auch Meierheim a. a. O.
II. p. 1, 2. Was also unsere Gruppe charakterisiert und von den
eben betrachteten Fällen epexegetischer Inf. unterscheidet, ist die
begriffliche Unvollständigkeit des verb. fin. einerseits
und der damit zusammenhängende, ich möchte sagen, comple-
mentäre Charakter des Inf. anderseits. Wohl zu beachten ist
aber noch, dass der eben dargelegte Entwicklungsprocess der verba
aux. nicht in allen Fällen gleich weit gediehen ist; noch mehr im
Anfange steht er bei den Verben des Wollens, hingegen größtentheils vollendet ist er bei den folgenden Gruppen (Verba der Willensäußerung, Verba der Qualification, verba dicendi et cogitandi), nur
einzelne Fälle weisen noch auf das Anfangsstadium zurück.

Nehmen wir nun die einzelnen Gruppen durch:

1) Verba des Wollens und der Willensäußerung und
deren Gegentheil.

Hier sind noch jene Fälle überwiegend, wo das verb. fin. seine
concrete, eine Ziel- oder Zweckbestimmung erheischende Grundbedeutung (oder wenigstens primitive tropische Bedeutung), demgemäß auch der Inf. seine alte Dativkraft mehr weniger durchfühlen lässt, wo also die Ausbildung der verba aux. eben erst
begonnen hat. Außer ἐθέλω, λιλαίομαι und τλήσκω (die beiden
letztern mit dem Nebensinn des kühnen Strebens) gehören hieher
einige Verba mit dem Grundbegriff der schnellen Bewegung (ἐπείγομαι,
ἵεμαι, σπεύδω, ὦρτο), dann einige mit dem Grundbegriffe des sorglichen oder strebenden Denkens (μέλλω, μέμαα, μενεαίνω, φρονῶ).
Besonders instructiv sind die Fälle von ἐθέλω und μέλλω, wo wir,
wenn wir recht sehen, die Sprache mitten in der Arbeit der
Hervorbringung von verba aux. treffen.

In einer bedeutenden Minderzahl von Verben erscheint dann diese
Schöpfungsarbeit schon mehr weniger vollendet, die
verba fin. tragen an diesen Stst. schon das entschiedene Gepräge von
verba aux. an sich, die beigefügten Inf. zeigen verbale Natur und zwar
so, dass von einer ehemaligen finalen Bedeutung keine Spur wahrzu-
nehmen ist. Diese Infinitivconstructionen sind allen Anzeichen nach
etwas jüngerer Prägung, die verba fin. waren eben erst in ihrer ver-
blassten Bedeutung berufen, einen Inf. überhaupt zu sich zu nehmen.
Diese Verba sind: βούλομαι, ἀλεύομαι, φυλάττομαι, ὤφελλον. Wir nehmen
nun die Verba in der angeführten Ordnung durch.

α) Ἐθέλω. Grundbedeutung etymologisch nicht sichergestellt, da
die Wurzel noch nicht zutage liegt. Am meisten hat für sich die

---

zurück. Auf die verba voluntatis, studii, auch auf gewisse verba cogitandi
(ἔλπομαι) würde diese Auffassung wohl passen, aber die andern Fälle von verbalen Inf., deren verb. fin. jenen Begriff der inclinatio et intentio aliquo directa
gar nicht an sich trägt, blieben dabei unerklärt.

Vermuthung Potts E. F. ² 401 Wurzel dhar „halten‟. Dem Bedeutungsgang von skr. dhar entsprechend kommen wir zur Verwendung „etwas über sich halten, auf sich nehmen, unternehmen‟ (wobei die Vorstellung des entschiedenen Entschlusses, des festen Vorsatzes zu etwas im Unterschied von βούλεσθαι „geneigt sein‟ zu energischem Ausdruck kommt), Curtius, Grundzüge der griech. Etymologie, 5. Aufl., p. 726, H. Schmidt, Synonymik der griech. Sprache, III, Cap. 146, 2 ff. Diese ziemlich concrete Bedeutung von sustinere schimmert noch deutlich durch theog. 164/5, 604, opp. 135/6, [210], 280²⁴), 712, der Inf. kann demnach seiner nominalen Kraft nicht ganz und gar sich entäußert haben. — Mehr das abstracte Wollen bezeichnet ἐθέλω theog. 432/3 (2 inf.), opp. 392/3, 668 (?), der Inf. demgemäß verbal. (Wir bedienen uns dieses kurzen Ausdrucks für die überwiegend verbale Kraft des Inf.) So scheinen sich hier, soweit überhaupt die paar Stst. einen Schluss gestatten, das ältere und jüngere Verhältnis die Hand zu reichen.

Αιλαίομαι scut. Herc. 113/4. Der Grundbegriff der „kühnen Lust‟ (Wurzel λα[σ], Curt. a. a. O. p. 361) lässt sich noch durchfühlen, ebenso wie an so manchen Hom. Stst., z. B. Ξ 331, Υ 76; der Inf., welcher das Ziel zu bezeichnen scheint, sowie bei ἐθέλω theog. 164/5.

Τλήσκω (ἔτλην) scut. Herc. 73, 432 (2 inf.); opp. 718. Grundbedeutung „heben, tragen‟ (Curt. a. a. O. p. 220, 221), woraus sich durch tropische Anwendung (ähnlich wie bei ἐθέλω) der Sinn entwickelt: etwas ertragen, unternehmen, wo es gilt, Mühe auf sich zu nehmen und Unangenehmes zu überwinden; insofern man bei dem τλῆναι zeigt, dass man entgegengesetzte Schranken nicht achtet, enthält das Wort eine üble Nebenbedeutung: „sich unterfangen, sich erdreisten‟. Vgl. H. Schmidt a. a. O. I, Cap. 24, 3. Der Inf., das Ziel des kühnen Strebens bezeichnend, hat sich allerdings (wie bei ἐθέλω) dem Verb erst angeschlossen, als es zu tropischem Gebrauch sich entwickelt hatte, doch ist ein Residuum finaler Kraft wohl nicht zu verkennen.

Ἐπείγομαι scut. Herc. 21/2. Man nimmt zwar ἐπείγομαι mit einem Inf. gewöhnlich in der abgeblassten Bedeutung „ich beeile mich‟, eine Auffassung, welche auch an unserer St. durch den Gedankenzusammenhang und das dem Verbum folgende ὅττι τάχιστα begünstigt wird; aber die Grundbedeutung „sich getrieben, gedrängt fühlen‟ (Curt. a. a. O. p. 180) scheint ganz entschieden durch, und infolge dessen dürfte auch die casuelle Kraft des Inf. nicht ganz und gar erloschen sein.

Ἴεμαι scut. Herc. 196. Grundbedeutung nach Curt. a. a. O. p. 605 „sich treiben lassen‟; der Fall ist ganz analog dem vorausgehenden.

Σπεύδω opp. 22/3 (3 inf.). Grundbedeutung nicht sicher, Curt. a. a. O. p. 697; doch weisen Wendungen wie σπεύδοντα μάχην ἐς κυδιάνειραν Δ 225 und σπεύσομαι εἰς Ἀχιλῆα Ο 402 auf den Grund-

---

²⁴) Ich lese mit Rzach und Göttl.-Fl. κ' ἐθέλῃ.

begriff einer „schnellen Bewegung" hin, wornach der ursprüngliche Sinn unserer Verbindung wohl sein dürfte: „Er drängt zum Säen und Pflanzen"; diese Grundbedeutung ist auch noch deutlich durchzufühlen, der Inf. also ganz analog denen der vorangehenden Stst.

'Ωρτο seut. Herc. 40. Wenn man auch ὦρτο mit Inf. gewöhnlich in der abgestumpften Bedeutung „er machte sich daran, begann" fasst, so blickt doch die Grundbedeutung „er erhob sich zu . . ." (Curt. a. a. O. p. 346) merklich genug durch.

Μέλλω. Die freilich selbst schon ziemlich blasse und unsinnliche Grundbedeutung des sorglichen Denkens (Curt. a. a. O. p. 330/1) leuchtet noch stärker durch theog. 468/9, seut. 126/7, gar nicht mehr an folgenden Stst., wo es schon die ganz abstracte Bedeutung von „Sollen" hat: theog. 478, 490 [der ihn bald vom Throne stürzen sollte (nämlich nach Schicksalsbestimmung)], theog. 552 [das auch geschehen sollte], 888 9. Besonders klar tritt theog. 898 diese Bedeutung hervor wegen des vorhergehenden εἵμαρτο v. 894. So dürfte sich unsere p. 24 über das Verb gemachte Bemerkung rechtfertigen. Dem Doppelspiel des verb. fin. entspricht dann auch das des Inf. Während er in den ersten 2 Fällen, indem er wohl das Ziel des sorglichen Denkens bezeichnet, noch ein indicium nominaler Kraft zur Schau trägt, so ist er in den letzten 5 Fällen verbaler Natur.

Μέμαα seut. Herc. 240, 414, 453. Über die sinnliche Grundbedeutung des Verbs existieren nur Vermuthungen. Curt. a. a. O. p. 312 denkt an den Begriff des Tastens, woran sich ein Inf. des Zieles ganz passend hätte schließen können: doch selbst die vergeistigte Bedeutung des strebenden Denkens, des Trachtens (Curt. a. a. O.) gestattet uns noch, am Inf. sowie nach μέλλω theog. 468 9 einen Anflug casuellen Wesens zu sehen.

Μενοινάω seut. Herc. 368,9. Da das Verb wahrscheinlich nur eine weitere Verzweigung derselben Wurzel μεν (μα), wie sie dem μέμαα zugrunde liegt, darstellt (vergl. Curt. a. a. O. p. 313), auch die Bedeutung mit der von μέμαα übereinstimmt, so ist der Fall dem vorigen congruent.

Φρονῶ seut. Herc. 387. Die sinnliche Grundbedeutung scheint etymologisch noch nicht ermittelt zu sein: an unserer St. tritt schon eine mehr vergeistigte Verwendung des Verbs, und zwar mit einer gewissen Modification, hervor, insofern das Willensmoment, der Sinn des „Strebens" nicht zum eigentlichen Begriff (vgl. über denselben H. Schmidt a. a. O. III. Cap. 147, 7) des Verbums gehört. Im übrigen gilt hier das zu μέμαα Bemerkte.

β) Βούλομαι opp. 647. Nach Curt. a. a. O. p. 549 entstammt das Verb der Wurzel βολ (skr. var) „sicher wählen". Von dieser Grundbedeutung des Wählens, lieber Wollens, die an manchen Homerstst. noch deutlich hervortritt, ist an unserer St. keine Spur mehr vorhanden, weshalb wir auch das Urtheil Jollys über das Homerische βυίλομαι (es diente ihm nämlich als ein Beleg für den Satz, dass bei Homer die Kategorie der Hilfsverba noch in ihren Anfängen stehe, indem in vielen später als auxiliaria gefühlten Verben die sinnliche Grundbedeutung deutlich durchscheine, a. a. O. p. 215) keineswegs auf Hesiod übertragen können. Hier erscheint es vielmehr — eine Stelle will freilich nicht viel ·sagen — als fertiges auxiliare = „wollen", der Inf. verbal.

᾿Αλεύομαι opp. 780/1²³), 798/9. Etymologie nicht evident. Den Andeutungen von Curt. a. a. O. p. 557 und 340 folgend, gelangen wir nicht weiter als zum Grundbegriff der Bewegung. Weiter führt uns H. Schmidt a. a. O. I, Cap. 32, 9, nämlich zum speciellen und deutlicher medialen Sinn „sich fernhalten von . . .". Dann verflüchtigt sich das Verb zur abstracten Bedeutung „meiden, unterlassen" = οὐκ ἐθέλω, und erst hier scheint dann ein Inf., natürlich in verbaler Kraft, sich zugesellt zu haben.

, Φυλάττομαι. Die Etymologie des Wortes ist dunkel. Das Verb zeigt jedoch hier in Verbindung mit dem Inf. die aus dem Gebrauch sich ergebende Grundbedeutung „wachen, bewachen, bewahren" nur mehr in sehr abstracter Verwendung „etwas in stetiger Acht haben" (im Geiste und Gedächtnisse bewahren), wozu der Inf. wohl verbal hinzutritt.

῎Ωφελλον fragm. 189 (Göttl.-Fl. 172). 2 (2 inf.)²⁶). Da die etymologische Forschung nur unsichere Combinationen über die Grundbedeutung von ὀφείλω (ep. ὀφέλλω) aufstellt. vgl. Curt. a. a. O. p. 510, 678, so können wir uns nur an den Sprachgebrauch halten, aus welchem sich die ursprüngliche Bedeutung „zu bezahlen haben" ergibt: diese noch ziemlich concrete Bedeutung konnte aber in solchen Fällen wie im unsrigen absolut nicht mehr gefühlt worden sein, wie das dem ὤφελλον vorangehende εἴθε zeigt: während ὀφείλω seiner eben erwähnten Bedeutung gemäß mit dem Inf. einen Urtheilssatz bilden sollte, ist dieser nun unter dem Einflusse jener Wunschpartikel in einen Begehrungssatz umgewandelt und damit unwiderleglich dargethan, dass auch ὤφελλον nur mehr als eine (durch Isolierung entstandene) Wunschpartikel empfunden wurde. Vgl. Koch, griech. Schulgr. § 105, 8. Der Inf. scheint also in solchen Fällen auf ganz mechanischer Nachbildung einer Construction zu beruhen, an deren ursprüngliches Wesen nicht mehr gedacht wurde.

Verba der Willensäußerung und deren Gegentheil.²⁷)
Die sinnliche Grundbedeutung des verb. fin. und somit auch die nominale Natur des Inf. macht sich nur in einem Falle etwas

---

²⁵) Mit Rzach und Göttl.-Fl. lese ich v. 781 σπέρματος ἄρξασθαι, was die meisten und darunter auch der älteste Cod. (Laurent.) bieten.

²⁶) Ich lese mit Rzach: Ζεῦ πάτερ, εἴθε μοι ἧσσον᾿ ἔχειν αἰῶνα βιοῖο | ὤφελλες δοῦναι καὶ ἴσα φρεσὶ μήδεα ἴδμεν | θνητοῖς ἀνθρώποις. Vgl. Rzach zur St.

²⁷) Die Constructionen des sogenannten acc. c. inf., soweit sie von Verben dieser Kategorie abhängen, werden weiter unten zur Besprechung kommen.

stärker bemerkbar (verb. fin. ἐποτρύνω), während in den anderen zwei Fällen οὐκ ἐῶ und κέλομαι füglich als fertige verba aux. (mit verbalem Inf.) betrachtet werden können.

'Εποτρύνω opp. 597/8 (dat. + inf.). Die Grundbedeutung, etymologisch nicht klargestellt (vgl. Curt. a. a. O. p. 225, 723, wo es mit τρεῖν in Verbindung gebracht wird), ist, soweit sie sich durch den Gebrauch ermitteln lässt, „antreiben, anregen"; diese Grundbedeutung, die dann natürlich auch die nominale Natur des Inf. nicht ganz vergessen ließ, blickt auch an unserer St. merklich durch, wie die Übersetzung zeigen mag: „Gib den Sclaven den Antrieb, wacker zu dreschen" (zum wackern Dreschen).

Οὐκ ἐῶ theog. 772. L. Meyer a. a. O. p. 17 nimmt als Grundbedeutung „werfen" an, Hentze Zeitschr. f. Gymnw. 1866 p. 728 stimmt bei. Aber schon Jolly, Gesch. des Inf. p. 218 zweifelt sie an, Curt. erwähnt das Verb. in den Grundzügen nicht. In der abgestumpften Bedeutung, die das Verb. an unserer St. hat, ist der verbale Charakter des Inf. außer Zweifel.

Κέλομαι opp. 602, 603. Der von Meierheim a. a. O. II p. 3 vermutheten Grundbedeutung „durch Zuruf zu etwas ermuntern" (wobei stillschweigend ein Zusammenhang mit καλεῖν angenommen wird), steht die wahrscheinlichere, von H. Schmidt a. a. O. I, Cap. 8, 2 aufgestellte des Antreibens (κέλλω, cello, per-cello) gegenüber, welche auch die, wenn auch nicht ganz entschieden ausgesprochene, Zustimmung von Curt. a. a. O. p. 139 findet; ich fühle aber durchaus nicht, dass dieselbe an unserer St. lebhaft durchklingen würde, glaube vielmehr, dass hier die abstracte des Heißens oder besser „Rathens" obwaltet, wornach sich der Charakter des Inf. von selbst bestimmt.

Die zwei Entwicklungsstadien im Ausbildungsprocess der Hilfsverba, wie wir sie also bei Hesiod durch eine Reihe von verba vol. belegt fanden (vgl. oben p. 24), lassen sich schon bei Homer nachweisen. Was das erste Stadium betrifft, so kann ich im allgemeinen auf die oben unter βούλομαι citierte Bemerkung Jollys hinweisen und füge nur noch hinzu, dass nahezu für alle angeführten Hesiodeischen Constructionen vollkommen zutreffende Analogien aus Homer sich beibringen lassen (die Stellennachweise siehe unten); ja manche solcher Infinitivverbindungen haben geradezu eine specifisch Homerische Färbung (z. B. die Infinitivverbindungen mit ἵεμαι [att. ἐφίεμαι], λιλαίομαι, μέμκα, μενοινάω, ὦρτο). Nur σπεύδω mit Inf. scheint bei Homer noch nicht vorzukommen. Was μέλλω und ἐθέλω betrifft, so weist jedes Homerische Lexikon nach, dass die für Hesiod constatierten Bedeutungen der Verba schon dem Homerischen Gebrauch geläufig sind. Auch die zweite Entwicklungsstufe, worauf wir bei Hesiod die Infinitivverbindungen mit βούλομαι, ἀλεύομαι, φυλάττομαι, ὤφελλον stehen sahen, ist bei Homer wenigstens für die Verba βούλομαι, ἀλεύομαι und ὤφελλον anzunehmen (letzteres mit αἴθε z. B. gleich Α 415 verbunden); βούλομαι weist allerdings bei Hom. daneben noch die ursprüngliche Bedeutung des Wählens auf (vgl. oben p. 26). *Φυλάττομαι* mit Inf. scheint Homer noch fremd zu sein.

Schließlich findet man auch die drei Hesiodeischen Verba der Willensäußerung bereits bei Homer in ganz gleichem Gebrauche. Nachweis sämmtlicher Infinitivverbindungen mit verba vol. et studii bei L. Meyer a. a. O. p.25—32, Albrecht a. a. O. p. 46, p. 22, 25—28, 33.

2) Verba der Qualification.

Die hier in Betracht kommenden Verba sind:

Δύναμαι „ich kann" = „ich habe die physische Kraft und Fähigkeit, etwas zu thun oder zu leisten". H. Schmidt a. a. O. III, Cap. 148, 4; *οἶδα* in der Bed. „verstehe etwas zu thun", d. h. „habe die aus der Übung erlangte Fähigkeit zu etwas", H. Schmidt a. a. O. I, Cap. 13, 4; endlich *διδάσκω* „suche einem andern eine gewisse Fähigkeit oder Eignung beizubringen". Der Inf., an diese Verba angeschlossen, bezeichnet eigentlich die vorgestellte, also bloß mögliche Wirkung, worin sich die Fähigkeit kundgibt, ist also eigentlich von derselben Art wie die oben pag. 20 besprochenen, von Adjectiven abhängigen epexegetischen Inf. Vgl. bereits Meierheim a. a. O. II p. 5, 6, der solche Inf. „inf. facultatis" tauft. Trotz alledem konnte die Kategorie nicht unter Cap. I subsumiert werden, da die hieher gehörigen Verba, zu einer gewissen Abstractheit verflüchtigt, die Inf. näher zu sich herangezogen und dadurch deren epexegetischen Charakter aufgehoben, deren consecutive Kraft gleichsam unfühlbar gemacht haben, so dass nur die verbale übrig blieb: ein Verhältnis, welches die deutschen Übersetzungen unserm Sprachgefühle näher bringen können. Also der ganze Gang nach dem p. 23, 24 Dargelegten.

Nur ein Fall scheint mir hierin eine Ausnahme zu bilden: *φιλῶ*, das an der betreffenden St. nicht eine durch Gewöhnung erlangte Fähigkeit (= *εἰωθέναι*, solere) sondern, in der gewöhnlichen Bedeutung des *φιλεῖν* gesetzt, eine Neigung zu etw. bezeichnet, so dass dann die casuelle Natur des Inf. bedeutsam durchleuchtet. Ich stelle den Fall voran.

Φιλῶ opp. 788[28]). Eyth übersetzt: „Bringt auch wackere Knaben, sie lieben es, — spöttische Reden, Lug und schmeichelnde Wort' und heimliches, süßes Geflüster", d. h. meines Bedünkens nicht so sehr „sie sind gewohnt, pflegen spöttische Reden zu thun", als „haben die innere Neigung dazu".

Δύναμαι opp. 134/5, 215; fragm. 188, 4 (Göttl.-Fl. 169). Da die sinnliche Grundbedeutung des Verbs etymologisch nicht erschlossen ist (Curt. a. a. O. p. 493, die Ableitung von L. Meyer a. a. O. p. 42 ist sehr unsicher), so lässt sich über das aus dem Sprachgebrauch Ermittelte nicht hinauskommen. Demgemäß lautete die St. ursprünglich: „Sie hatten nicht die Kraft zum Abwehren", dann: „Sie

---

[28]) Ich lese mit Rzach und Göttl.-Fl. *φιλέει δέ τε κέρτομα βάζειν.*

konnten nicht abwehren". Gerade bei diesem so häufig ge-
brauchten Verb mochte eine Bedeutungsabstumpfung gar bald eingetreten sein.

Οἶδα theog. 27, 28 (2 inf.). Die muthmaßliche Grundbedeutung vom St. *Fιδ*, „die des findenden Sehens" (Curt. a. a. O. p. 101,
242), bietet uns keine sichern Anhaltspunkte, um ursprünglichere Beziehungen zwischen Inf. und verb. fin. herauszufinden, als sie der
Sprachgebrauch an die Hand gibt. Demnach bedeutet unsere St.:
„Wir haben (die durch Übung erlangte) Fähigkeit zum Lügen"
u. s. w., dann: „wir verstehen zu lügen".

Διδάσκω opp. 662. Eigentlich: „Die Musen brachten mir die
Eignung bei zum Singen", dann: „lehrten mich singen". Der
Fall analog zu *δύναμαι*, insoferne die Etymologie keine tiefere Ein-
sicht gewährt.

Die angeführten Constr. sind alle (mit Ausnahme von *φιλεῖν* mit
Inf.) schon dem Homerischen Gebrauche eigen. Nachweise bei
L. Meyer a. a. O. p. 42, u. bei Albrecht.

3) Verba cogitandi et dicendi.

Mit dieser Gruppe verhält es sich wie mit der vorausgehenden.
In einem Falle (*ἔλπομαι*) ist noch ein primitiveres Verhältnis zwischen Inf. und verb. fin. (obwohl nur schwach) erkennbar, im
übrigen liegen fertige auxiliaria vor.

Ἔλπομαι scut. Herc. 66/7 (2 inf.). Die Inf. sind zwar verbal,
wie schon Meierheim über analoge Homerische Stst. urtheilt a. a.
O. II, 4; doch lässt die Grundbedeutung von *ἐλπίζειν* und *ἔλπεσθαι*
als einer auf das Gute gerichteten Erwartung (vgl. H. Schmidt a. a.
O. III, Cap. 144, 2) die finale Dativkraft des Inf. (anzustrebendes Ziel)
noch durchspüren; das Tempus des Inf. ist nur ein sinnfälliger,
gewissermaßen pleonastischer Ausdruck dessen, was schon im Wesen
des Inf., freilich vielleicht nur mehr wenig gefühlt, gelegen war.

Δοκεῖ fragm. 250, 2 (Göttl.-Fl. 258) (2 inf.). Die Grundbedeutung ist nach Curt. a. a. O. p. 134 „gelten, meinen"; H. Schmidt hebt
a. a. O. I, Cap. 15, 1, 2 in ähnlicher Weise an *δοκεῖ* die subjective
Bedeutung hervor, indem es auf das Urtheil des Schauenden gehe.
Der Inf. dürfte wohl erst dem ganz abstract gewordenen (= scheinen) Verb. sich zugesellt haben. Bemerkenswert wäre noch, dass
das letzte Residuum der Zweck- und Zielbedeutung des Inf., die
futurische Richtung, welche noch besonders den Infinitiven nach
Gruppe 1), weniger den Inf. nach Gruppe 2) anhaftete, hier ganz
verschwindet, um bei den Inf. nach verba dicendi wieder aufzu-
tauchen.

Εἴσατο theog. 700/1 (2 inf.). Die Grundbedeutung des Verbs
ist ziemlich durchsichtig, vgl. Curt. a. a. O. p. 241 und H. Schmidt
I, Cap. 15, 4, der „gesehen werden" als solche angibt. Im übrigen
ist der Fall dem vorigen ganz analog.

Verba dicendi.

Der Charakter der Hilfsverba ist in allen Fällen dieser Gruppe bereits vollkommen ausgebildet.

1. Das Subject des Inf. ist mit dem des verb. fin. identisch.

Εἶπον theog. 392/3 *εἶπε δ', ὃς ἂν μετὰ εἷο θεῶν Τιτῆσι μάχοιτο,* | *μή τιν' ἀπορραίσειν γεράων* (das Weitere ist acc. c. inf., gehört also nicht hieher). Der Inf. ist entschieden verbal (man vgl. die deutsche Übersetzung: „er erklärte . . . entreißen zu wollen“); eine ursprüngliche casuelle Function desselben nachzuweisen, will trotz der Evidenz der Grundbedeutung (vgl. Curt. a. a. O. p. 459) und trotz der scharfen Determination des Begriffes bei Schmidt I, Cap. 1. Abschn. 12 u. 18 nicht gelingen. Es dürfte mit dem Inf. ein ähnliches Bewandtnis haben wie bei *δοκεῖ.*

Φημί theog. 395/6. Auch hier ist Etymologie und Begriff des Verbs klar (Curt. a. a. O. p. 296 und H. Schmidt a. a. O. Cap. 1, 32), ohne dass daraus ein Stützpunkt für die Annahme einer primitiven Infinitivfunction erwachsen würde. Der Fall ist dem theog. 392/3 analog.

Opp. 455. Die Stelle lässt verschiedene Erklärungen zu. Eyth fasst *πήξασθαι* imperativisch, indem er übersetzt: „er füge den Wagen“. Gebhardt lässt den Inf. von *φησί* abhängen und hält das Subject zu *πήξασθαι* für identisch mit dem von *φησί*: „er sagt, er wolle sich einen Wagen bauen“, wobei der Inf. Aor. einfach wie z. B. nach *ἐλπίζειν* die Effectuierung ohne ausdrückliche Bezeichnung der Zeitstufe anzeigen würde. Ich schließe mich dieser Auffassung deswegen an, weil das *φρένας ἀφνειός* „voll Dünkel“ erst dann seinen vollen Sinn gewinnt, wenn man annimmt, dass der Sprechende selbst es unternimmt, einen Wagen zu bauen, ohne die Anzahl der nöthigen Bretter zu kennen. Bezüglich des Inf. gilt das zu theog. 392/3 Erwähnte, nur mit dem Unterschiede, dass die futurische Richtung nicht eigens ausgedrückt ist, wie es dort der Fall ist.

2. Das Subject des Inf. ist identisch mit dem Dativobject des verb. fin.

Εἶπον opp. 86/7. Der erste Inf. *δέξασθαι* ist dem vorigen vollkommen entsprechend, der zweite nur im Tempus davon verschieden (*ἀποπέμπειν*).

Sämmtliche Constr., wie wir sie nach verba cogit. und dic. bei Hesiod getroffen, sind schon Homerisch; die Nachweise bei L. Meyer a. a. O. p. 30, 39, 41, Albrecht a. a. O. p. 36, 43, 44, 45, 50. — Die temporale Bedeutung des Inf. aulangend, bemerkt L. Meyer für Homer, „es überwiege zwar schon nach *φημί* und *εἶπον* die Anzahl der nicht futurischen Infinitive, doch hätten die verba immer noch sehr häufig den inf. fut. zur Seite“. Bei Hesiod dominiert in allen 4 Fällen nach verba dic. die Beziehung auf die Zukunft, welche aber nur in einem Fall theog. 392/3 einen eigenen sprachlichen Ausdruck findet; bei *ἔλπομαι* ist der Futurbegriff schon durch das Verb selbst bedingt, hier ist demnach die Ziehung einer Parallele

Tendenz, wie bereits bemerkt, wenigstens an unsern Stst. verschwunden, bei Homer z. B. noch wirksam und selbst durch das Tempus bezeugt (nach δοκεῖ es scheint) Z 338/9.

III. Accusativus cum infinitivo.[29])

Auf dem ganzen Forschungsgebiete des Inf. ist wohl keine Frage eifriger und vielseitiger discutiert worden als die nach der Genesis des sogenannten acc. c. inf. Gar verschiedene Theorien sind dabei zutage getreten, die größtentheils[30]) bei Jolly, Gesch. des Inf. im Indog. p. 244 ff. gesammelt sind. Aus dem Gewirre dieser An-

---

[29]) Dass wir den acc. c. inf. gerade hier behandeln, hat darin seinen Grund, dass in der Entwicklung dieser Constr. die eben abgehandelten Arten des Inf., casuelle und verbale, wiederum nacheinander auftreten, so dass dieses Capitel in gewisser Beziehung eine Zusammenfassung von I. und II. darstellt.

[30]) Die von Jolly unter 2) erwähnte Ansicht von M. Schmidt, Über den Inf., Ratibor 1826, wornach der Accus. als ein vom Inf. abhängiger accus. relat. erklärt wird, ist schon von C. Fleischer, De primordiis Graeci acc. c. inf. 1870 p. 16 erfolgreich angegriffen, nunmehr von Meierheim a. a. O. II. p. 11 durch mehrfache, schwerwiegende Gründe vollkommen erschüttert worden. — Außer den von Jolly a. a. O. als widerlegt angeführten Hypothesen wäre etwa noch nennenswert die von L. Lange Zeitschrift für österr. Gymn. 1855 p. 728 und später von Herzog Jahrb. für Phil. u. Pädag., 43. Jahrg. p. 24 ff. verfochtene Ansicht, dass der Inf., mit dem Accus. auf einer Linie stehend, die Stelle eines zweiten Objects (Herzog sagt direct: Accusativobjects) einnehme, dass also eine Combination zweier Objecte vorliege. Schon Albrecht hat a. a. O. p. 12 (allerdings von seinem Standpuncte locativischer Auffassung des Inf.) diese Ansicht mit der richtigen Bemerkung zurückgewiesen, dass der Inf., nachdem er längst als ein anderer Casus (denn als Accusativ) erkannt sei, unmöglich mit dem Objectsaccusativ gleiche Geltung haben könne. Der von Herzog p. 25 zu Gunsten seiner Ansicht vorgebrachte Grund, dass der Accusativ allein mit der Natur des regierenden Verbums vereinbar sei, ist nicht schlagend, da derselbe Grund zum mindesten ebenso gut zu Gunsten des Dativs geltend gemacht werden kann, welchen Casus wir hinter dem Infinitiv suchen. Indem dann Herzog, um die Abhängigkeit seiner beiden Accusative vom verb. fin. in vielen Fällen erklärlich zu machen, letzterem eine prägnante Bedeutung beilegt, kommt ein Factor in die Erklärung, der eine durch keinen fassbaren Grund motivierte, also nur auf subjectivem Ermessen beruhende Addition zum gegebenen sprachlichen Ausdruck bedeutet und deshalb bei jedem, der auf historischem Standpunkte steht, ebenso wie die Annahme so mancher Ellipsen Bedenken erregen muss, umsomehr dann, wenn von anderer Seite eine Theorie winkt, welche ohne solche künstliche Mittel mit dem thatsächlich vorliegenden Sprachmaterial ausreichend eine befriedigende Erklärung der Erscheinung zu geben vermag. Über die von Herzog zur Aufhellung des acc. c. inf. noch herangezogenen Substantivsätze mit ὅτι und ὡς vgl. bereits Meierheim II. p. 13 Anm.

sichten ist nun die von G. Curtius siegreich hervorgegangen und hat sich in der Wissenschaft ziemlich allgemeine Anerkennung verschafft. Seiner Methode der Sprachbetrachtung folgend, stellt sich Curtius auf denjenigen Standpunkt, von dem sich dergleichen Erscheinungen am richtigsten beurtheilen lassen, auf den historischen, und erklärt die Construction (Erläuterungen zur Schulgrammatik p. 199) als eine allmählich gewordene, als eine solche, die, an ältere Gebrauchsweisen anknüpfend, sich weiter entwickelt und ausgebreitet habe. Diese älteren Constr. nun, aus denen der acc. c. inf. hervorgewachsen ist, sind nach Curtius die Prolepsis und der epexeg. Inf. und die ursprüngliche Domäne der Constr. gewisse verba trans. Curt. meint nämlich (vgl. griech. Schulgramm., 13. Aufl., § 566 Anm.), dass der spätere Subjectsaccus. ursprünglich als eigentliches Object oder aber in proleptischer Weise vom verb. fin. abgehangen sei und der Inf. eben als epexegeticus sich angeschlossen habe. In diesem Erklärungsprincip folgen ihm, allerdings mit gewissen Modificationen, wohl fast alle maßgebenden Persönlichkeiten, welche sich mit der Lösung unseres Problems zu thun gemacht haben: Hentze, Zeitschr. für Gymnasialw. 1866, p. 722, 724; K. Koch, Zum Gebr. des Inf. in der Homerischen Sprache, Braunschweig 1871, p. 17; Albrecht a. a. O. p. 13 ff.; E. Wilhelm a. a. O. p. 66, der aber glaubt, dass der Inf. an die Stelle eines ursprünglichen Particips getreten sei; Jolly, Geschichte des Inf. p. 253, Rec. des Buches von Schweizer-Sidler in den Jahrb. für class. Phil. und Päd. 1874, p. 6; Meierheim a. a. O. II. p. 13, Rec. dieser Monogr. von Capelle Philol. 37 (1877) p. 105, 107, welcher jedoch die Prolepsis verwirft; Delbrück, Syntaktische Forschungen IV. p. 124; Piger, Progr. d. Gymn. in Iglau 1879 p. 27.

Aus später zu erörternden Gründen schließen auch wir uns der Curtiusschen Theorie an, wobei wir aber die strengere Distinction Meierheims zwischen den ältern Fügungen, wo der Accusativ als wirkliches Object vom verb. fin. abhängt (Zeichen dafür „acc. + inf.") und den eigentlichen Constructionen des „acc. c. inf.", welche eben durch den proleptisch zu fassenden Accusativ charakterisiert seien, auch für Hesiod durchführen wollen. Die Natur der Curtiusschen Theorie bringt es aber mit sich, dass sie nur auf eine beschränkte Anzahl von acc. c. inf. (nämlich nur auf die Constr. nach gewissen verba transitiva) unmittelbare Anwendung gestattet. Wie lässt sich nun aber das Princip halten, wenn die weitere Ausbreitung der Constr., namentlich die Fügungen nach verba intrans., passiva, nach Adjectiven und Substantiven eine Erklärung finden sollen? Der früher angenommene grammat. Verband zwischen Accus. und verb. fin. ist hier nicht mehr vorhanden, der Accus. fungiert nunmehr als vom verb. fin. getrennter, freier Begleiter des Inf.; der Inf. will sich in casueller Function nicht mehr fassen lassen, erscheint verbal und hat gleichsam die Stellung eines verb. fin. im neuen Infinitivsatze erobert. Hier gehen denn auch die Ansichten nach zwei Richtungen auseinander, und wir werden uns für die

eine oder die andere zu entscheiden haben. Da man die veränderte
Function des Inf. aus seinem Doppelwesen noch zu begreifen vermag, so beschränkt sich die ganze Controverse vornehmlich darauf,
welche syntaktische Stellung dem acc. in diesen Construct. zukomme.
Curtius selbst und, ihm folgend, sein Schüler Albrecht erklären nun
denselben in den Fällen, wo die Prolepsis nicht mehr ausreicht, als
freien oder als accus. relat. und erledigen den geringen Rest von
Fällen, wo auch dieser frisch ins Treffen geführte Kämpe nicht mehr
durchdringen will, durch erweiterte Analogie. (Curt. Erläut. p. 200,
Albrecht a. a. O. p. 20, 21.) Andere Gelehrte aber wollen, wiewohl
mit der Curtiusschen Erklärung im Princip einverstanden, von dem
neuen Factor derselben, dem freien Accus., nichts wissen, indem sie
— meines Erachtens mit Recht — glauben, die ganze Entwicklung der
Constr. von dem bezeichneten Wendepunkte an auf erweiterte Analogie
zurückführen zu können, da ja die Anzahl der Constructionen nach
verba trans. z.-B. bei Homer im Vergleich zu dem Rest von Fällen
eine so überwiegende sei, dass die Annahme einer angleichenden Ein-
wirkung jener auf diesen nichts Bedenkliches habe. (Fleischer a. a. O.,
Capelle a. a. O. p. 107, welche Gelehrte eigentlich noch viel
weiter gehen, indem sie auf Grund dieser Annahme sogar die Prolepsis entbehren zu können glauben.) Wie jedoch Jolly a. a. O.
p. 255 bemerkt, ist gerade die Hereinziehung der sogenannten
falschen Analogie das einzig erwähnenswerte Argument der Gegner
dieser ganzen Theorie. Nachdem nun aber die Junggrammatiker
(man vergl. namentlich Ziemer, Junggrammatische Streifzüge im
Gebiete der Syntax, Kolberg 1882, p. 60 ff.) richtigere Begriffe über
das Wesen der Assimilation verbreitet haben, nachdem sie nachgewiesen haben, wie vieles in der Sprache auch in syntaktischer
Beziehung darauf beruht (vgl. den anfangs der Abh. citierten Ausspruch
Ziemers), wie namentlich die Macht der Analogie es ist, „die für den
Gebrauch bequeme, hergebrachte Constructionen weiter verpflanzte
und auf Verba übertrug, die bis dahin völlig unberührt davon ge-
blieben waren“, wobei als Beispiel gerade die Ausbreitung des acc.
c. inf. erwähnt wird (p. 110 ff.) — nach alledem dürfte wohl das
der Analogie von gewissen Seiten entgegengebrachte Misstrauen
als unbegründet und unsere Theorie als gerechtfertigt zu betrachten
sein. Das möge vorläufig genügen, um unsern Standpunkt in dieser
ganzen Frage im allgemeinen zu kennzeichnen.

Die ersten Ansätze zur Bildung des accus. c. inf. können uns
folgende Fügungen veranschaulichen:

**a) Vorstufe zum acc. c. inf. (acc. + inf.). Der Acc. ist Object,
der Inf. epexegetisch zu fassen.**

1) Bei verba efficiendi (?).

Τίθημι theog. 400/1, fragm. 189, 4, 5 (Göttl.-Fl. 172). Wenn
sich die beiden Structuren, was sich natürlich nicht mit Sicherheit
behaupten lässt, ursprünglich an τίθημι = setze, stelle (hin)
anschlossen, so lagen acc. + inf. vor. Das Nähere über die Fügung

vielleicht mehr gezogen werden, gehört aber nicht mehr, wenn man den Gesichtspunkt im Auge hat, wie das Ganze dem Sprachgefühle der Griechen vorgeschwebt haben mag.

Auf sichererem Boden stehen wir mit der nächsten Gruppe, dem acc. + inf.

2) bei verba voluntatis.

Ich stelle die eclatanteren Fälle voran:

Κέλομαι theog. 33/4 (2 inf.); die wahrscheinliche Grundbedeutung von *κέλομαι* ist „antreiben" (vgl. oben p. 28) oder jedenfalls etwas ganz Ähnliches. Daher: „und sie trieben mich an zum Preisen" u. s. w., woraus sich unmittelbar der acc. + inf. ergibt. Was für eine derartige Auffassung spricht, hat bereits Curtius Erläut. p. 200 geltend gemacht. Wir sind nämlich hier wieder, was zunächst den Accus. betrifft, in der glücklichen Lage, unser Sprachgefühl reden lassen zu können, welches diesen Casus ja auch an das verb. fin. anknüpft; der Analogieschluss gewinnt dann an Stärke durch die Erwägung, dass unsere Erklärung auch die größte Einfachheit und Natürlichkeit für sich hat, ein Vorzug, der besonders gegenüber den von den rationalisirenden Grammatikern (Schömann) aufgestellten gezwungenen Theorien betont zu werden verdient. Dasselbe Argument ungezwungener Natürlichkeit spricht dann auch für unsere Auffassung des Inf., über den ich nur noch die Bemerkung hinzufügen will, dass seine casuelle Kraft allerdings wie bei den verba aux. *κέλομαι* u. ähnl. sich im Laufe der Zeit abschwächen konnte, wiewohl mir wahrscheinlich ist, dass hier der Abschwächungsprocess nicht so weit gedieh wie dort, da ja hier einer engen Verbindung von Inf. und verb. fin. der Accusativ gewissermaßen hindernd in den Weg treten musste.

Κελεύω opp. 60/1, 62 (3 inf.), 63/4 (2 inf.), 65/6. Die Grundbedeutung lässt sich ebensowenig wie bei *κέλομαι* etymologisch sicherstellen; übrigens ist „schon bei Homer ein Unterschied von *κέλεσθαι* nicht mehr wahrnehmbar", H. Schmidt a. a. O. I, Cap. 8, 3; demnach sind unsere Fälle dem vorigen ganz analog.

Ganz dasselbe Bewandtnis hat es ferner mit *ἄνωγα* opp. 67/8, 367, 403/4, 687/8 (es „fällt begrifflich größtentheils mit *κέλεσθαι* und *κελεύειν* zusammen, und die Dunkelheit der Etymologie macht eine Unterscheidung um so schwerer", H. Schmidt a. a. O. 1, Cap. 8, 3) und mit *ὀτρύνειν* theog. 883 (2 inf.).

Es erübrigen noch zwei Constr. nach Verben des Bittens.

Λιτανεύω theog. 469—471. Die Grundbedeutung von *λιτανεύω* lässt sich zwar nicht etymologisch klarstellen, nach dem Gebrauche

3*

Das zweite Verb *εὔχομαι* ist mit seiner Constr. opp. 465/6 auf der Bahn, welche wir die verba vol. wandeln sahen, (fortgerissen durch gewisse Analogieeinflüsse?) viel weiter vorgerückt als alle andern Geführten. Dem Versuch, auch hier das *ἀκτήν* mit *εὔχεσθαι* (Grundbed., obwohl etymologisch nicht erwiesen, „bete, wünsche", Curt. a. a. O. p. 702 Anm., H. Schmidt I, Cap. 7, 2, 1) in grammatischen Zusammenhang zu bringen, widerstrebt entschieden die Wortfolge; es muss also hier dieser Zusammenhang, wie er doch in ähnlichen Fällen vorhanden war, sich verdunkelt und die Constr. in der Vorstellung des Sprechenden sich so gestaltet haben, dass der Accus. schon als Subject des Inf., dieser selbst in verbaler Function vorschwebte, ähnlich wie bei Hom. *Σ* 75/6, *φ* 211, bei *ἐπεύχομαι ξ* 423/4 und den gleichen Stst. *ν* 239, *φ* 203/4, namentlich aber *o* 354, welche St. eclatant zeigt, dass der Accus. nicht mehr als Object zum Hauptverb, sondern als Subject des Inf. angesehen wurde.

Was nun den Homerischen Gebrauch hinsichtlich der behandelten Gruppen betrifft, so steht *τίθημι* in der obigen Bed. „bestimmen, anordnen" bei Homer bloß mit einfachem Inf. *ϑ* 465; hingegen sind die angeführten verba vol. mit ihren acc. + inf. bei Homer bereits vertreten; auch für *εὔχομαι* mit seiner anders gearteten Structur fanden wir soeben mehrere Homerische Analogien. Eine Ausnahme bildet *λιτανεύω*, das bei Hom. nur einmal mit dem bloßen Inf. vorzukommen scheint. Die Nachweise bei Hentze a. a. O. p. 727, 728, Albrecht a. a. O. p. 24, 26, Homerisches Wörterbuch von E. E. Seiler, 8. Aufl., neu bearbeitet von C. Capelle.

b) Eigentlicher acc. c. inf.

l. Stufe: Der acc. noch in lockerer Beziehung zum verb. fin. (meist proleptisch zu fassen), der Inf. bereits vollständig verbal.

1) Verba dicendi.[31]

Φάσκω theog. 209/10 *φάσκε δὲ τιταίνοντας . . . μέγα ῥέξαι | ἔργον, τοῖο δ' ἔπειτα τίσιν μετόπισθεν ἔσεσθαι.* Es liegen zwei Infinitivconstructionen vor; das Subject der ersten ist im Part. *τιταίνοντας* enthalten, müsste aber, falls es ausgedrückt wäre, ebenso wie das Subject der zweiten (*τίσιν*) gefasst werden. *Τίσιν* kann hier nicht mehr, wie in den Fällen der letzten Gruppe, als Object zum Haupt-

---

[31]) Warum wir dem Usus entgegen diese Gruppe den verba cogit. voranstellten, wird aus den weiteren Erörterungen von selbst erhellen.

verb betrachtet werden, da 1) φάσκειν kein Accusativobject zu sich nimmt und 2), wenn man es als Object nähme, der Inf. sehr schwer zu erklären wäre. Da aber doch ein fühlbares Band zwischen τίσιν und φάσκεν besteht (man vgl. das Deutsche: „Von der Rache hiefür aber sagte er, dass sie später stattfinden werde"), da ferner eine Vorwegnahme des τίσιν einem subjectiven Interesse des Sprechenden entspringen konnte, so möchten wir — freilich nicht mit apodiktischer Sicherheit, da die Wortfolge eine leise Einsprache zu erheben scheint — den acc. durch Prolepsis erklären, eine Erscheinung, welche eben nach Verben des Erkennens und Sagens ihren Sitz hat, deren Wesen schon Classen, Beobachtungen über den Homerischen Sprachgebrauch p. 205 ff. und neuerdings Meierheim a. a. O. II p. 12, 13 treffend erörtert haben, nur dass Meierheim die Grenzen des Gebrauches, wie mir scheint, zu weit zieht.

Betrachten wir nun die Inf., zunächst ῥέξαι. Die final-epexegetische Bedeutung, schon dem Zusammenhange mit φάσκε nach sehr unpassend, muss auch deswegen aufgegeben werden, weil die letzte Spur jener Bedeutung, die futurische Tendenz, verschwunden ist und der Inf. etwas der Haupthandlung Vorangegangenes bezeichnet. Der Inf. ist also nunmehr verbal.[32]) Als Subject dieses verbalen Inf. aber, als Träger seiner Handlung fungiert, logisch betrachtet, der eben besprochene proleptische Accusativ, wenn dieser auch grammatisch noch mit dem Hauptverb zusammenhängt und erst später, wie wir sehen werden, sein grammatisches Verhältnis mit dem logischen vollkommen in Einklang setzen wird. Zweifelsohne bildete sich nun aber (durch Analogiewirkung der Hauptsätze) die Vorstellung aus, dass dieser mit einem eigenen, sei es nun logischen oder auch grammatischen, Subject ausgestattete Infinitiv ein wirklicher Modus, eine Art verb. fin. sei (vgl. schon B. Delbrück, Synt. Forsch. IV p. 125), und der ganze acc. c. inf. mochte dann als eine relativ selbständige, geschlossene Fügung dem Sprachgefühle vorschweben[33]):

---

[32]) Wenn Herzog a. a. O. p. 25 der Meinung ist, die Constr. des acc. c. inf. sei eine einheitliche, bei welcher der Inf. immer in derselben Bedeutung gedacht worden sei und nicht wie der einfache Inf. in mannigfaltiger, so möchte ich, die Richtigkeit dieser Ansicht vorausgesetzt, Folgendes bemerken: Erst, indem der Inf. in veränderter Function (gegenüber den frühern Fällen) auftritt, fixiert sich die Constr. des acc. c. inf. in ihrer Eigenartigkeit; wir fassen ja die Entstehung der Constr. zum Theil als eine Folge jenes Wandels auf. Nachdem sie sich dann fixiert, wird die „Einheitlichkeit" auch keineswegs mehr gestört, der Inf. bleibt der verbalen Natur treu. So stimmen wir also bezüglich der Inf. in der constr. acc. c. inf. mit Herzogs Ansicht überein, nur dass wir einen Theil jener Constructionen, die man gewöhnlich zum acc. c. inf. rechnet, Meierheims strengerer Scheidung folgend, als acc. + inf. ausgeschieden haben und so das Gebiet des eigentlichen acc. c. inf. in engere Grenzen einschließen.

[33]) Dieser Verselbständigungsprocess geht noch weiter mit Hilfe des ὥστε und führt endlich zur völligen Zweitheilung des Satzes. — Auf den Ausdruck „geschlossene" Fügung werde ich noch zurückkommen.

Bezeichnung dieser Zeit nur dem Ind. Aor. eigen, dem Inf.
aber gänzlich fremd ist, so ist in solchen Fällen abhängiger Aus-
sagesätze gerade das charakteristische Unterscheidungsmerkmal des
Ind. auf den Inf. übergegangen[34]) und dadurch ein bedeutsamer
Wink gegeben, wie ein solcher Inf. aufgefasst sein will: durch jenes
Merkmal ist er ja zum Stellvertreter des Ind., des eigentlichen verb. fin. im Hauptsatze, gestempelt.

Ebenso wie der besprochene Inf. ῥέξαι ist nun auch der zweite,
ἔσεσθαι, verbal zu fassen. Die futurische Richtung des Inf. läge wohl
nicht mehr im Wesen des Inf., sondern kommt lediglich auf Rechnung der Tempuswahl.

Φημί theog. 306. Der Accusativ Τυφάονα kann aus denselben
Gründen, die ich soeben bezüglich des τίσιν (v. 210) anführte, nicht
als Object gelten; hingegen können wir die proleptische Auffassung
des Accus. hier mit größerer Entschiedenheit vertreten, da zu den
bereits zur vorigen St. beigebrachten Argumenten auch die Gunst
der Wortfolge (Τυφάονά φασι) hinzukommt. — Der Inf. wie oben
bei v. 209. Ganz den gleichen Fall bietet scut. Herc. 359 und opp.
656/7, letztere St. nur mit der Abweichung, dass ein Inf. des Präsens, aber in der Bedeutung des Imperf., vorliegt, endlich opp. 803
mit der Verschiedenheit, dass hier der Accus. Ἐρινύας dem Verbum
φασι nachfolgt und der Inf. auf die Gegenwart sich bezieht.

Εἶπον theog. 392—4. Εἶπε δ᾽ ὃς ἂν μετὰ εἷο θεῶν Τιτῆσι μάχοιτο |
μή τιν᾽ ἀπορραίσειν γεράων, τιμὴν δὲ ἕκαστον | ἐξέμεν κ. τ. λ. Es gehört
eigentlich nur die Constr. τιμήν . . . ἐξέμεν hieher; ich muss aber
auch das Vorausgehende dazu nehmen. Die Vorausnahme des Relativsatzes ὅς — μάχοιτο kann als eine Art von Prolepsis durch
Stellung (Krüger Gr. Gramm. 61, 6, 1) gelten[35]), dadurch veran-

---

[34]) Wie dies geschah, wird schon in den Schulgrammatiken angedeutet.
Curt. 496, Koch § 100 Anm. Da den Ergebnissen historischer Syntaxforschung
nach die Hypotaxis aus ursprünglicher Parataxis hervorgieng, so mag thatsächlich auch in solchen Sätzen der Inhalt des φάσκειν u. dgl. ursprünglich in
selbständiger, indicativischer Fassung concipiert, später mit einfacher (Personen-
und) Modusverschiebung in die oratio obliqua übertragen worden sein, wobei
eben jenes indicativische Merkmal ganz leicht auf den Inf. übergehen konnte.
Von einer ähnlichen Verschiebung spricht auch Delbrück, Synt. Forsch. IV. p. 111.

[35]) An eine regelrechte Prolepsis ist nicht zu denken, da doch nicht
ganze Sätze, sondern nur einzelne Begriffe, und zwar gewöhnlich nur das Subject
des Nebensatzes als Object im Hauptsatz anticipiert wird.

lasst, dass an der durch den Relativs. bezeichneten Classe von Göttern ein Hauptinteresse des Zeus haftet, weswegen dieselben anticipando erwähnt werden (vgl. Classen an der vorhin cit. St.); das μή τινα beim ersten und das ἕκαστον beim zweiten Infinitiv wäre dann nur noch eine Wiederaufnahme jenes Relativsatzes. — Bezüglich der Inf. gilt das zu theog. 209/10 am Ende Bemerkte.

'Επικλείω fragm. 46, 5 (nur bei Göttl.-Fl.). Ganz derselbe Fall wie oben theog. 306, nur mit dem Unterschiede, dass der Accus. τόν Relativpronomen ist, infolgedessen freilich die Wortfolge nichts beweist, da das pron. rel. unter allen Umständen vorantreten müsste.

2) Verba cogitandi.

Es kommen hier nur die verba ἔολπα und οἴομαι in Betracht.

Oἴω scut. Herc. 111/2. Der Zusammenhang zwischen Inf. und verb. fin. und die Wortfolge würden die proleptische Erklärung des μιν passend erscheinen lassen (μιν οἴω, deutsch etwa: „Von ihm glaube ich, dass er .... fliehen wird“); eine andere Frage aber ist die, ob eine Ausdehnung der πρόληψις auf verba cogitandi im sonstigen Sprachgebrauch begründet ist. Wie Meierheim a. a. O. II. p. 13 die Sache darstellt, so brauchte man allerdings keine Bedenken zu tragen; doch sind, wie mir vorkommt, die von Meierheim beigebrachten Belege wohl nicht ausreichend, um den von ihm angenommenen weiten Umfang des Gebrauches der Prolepsis zu erweisen. Specialuntersuchung steht mir leider keine zur Verfügung, die Grammatiker aber äußern sich über die Ausdehnung des Gebrauches theils ganz unbestimmt (Kühner Ausf. Gr. § 412, 3, auch Curt. Gr. § 565 Anm.), theils beschränken sie die Prolepsis auf die Verba des Erkennens und Aussagens und einige andere nicht hieher gehörige Fälle (Krüger 61, 6, 2. 8; Koch, Griech. Schulgr. § 69, 11, p. 153; Hintner, Griech. Schulgr. § 275, auch gehört hieher als wichtiger Gewährsmann Classen a. a. O.). Bei diesem Stand der Dinge muss ich es dahingestellt sein lassen, ob an unserer St. und den zwei noch anzuführenden (ἔολπα) der Accus. proleptisch zum verb. fin. oder bereits als Subjectsaccusativ zum Inf. zu ziehen sei. — Der Inf. ist hier und an den nächsten 2 Stst. von der Art wie ἔσεσθαι in theog. v. 210.

῎Εολπα opp. [273]; bezüglich des Accus. gilt das eben Bemerkte, die Wortfolge würde übrigens hier höchstens gestatten, das Object τά proleptisch zu erklären. Endlich noch ἔολπα opp. 475/6, wo der Connex zwischen verb. fin. und Inf. und die Wortstellung allerdings wieder entschieden für die Prolepsis sprechen würden.

Nach φημί hat bereits Homer in zahlreichen Fällen (vgl. Albrecht a. a. O. p. 25) dieselbe Constr. wie Hesiod; auch nach εἰπεῖν findet sich der acc. c. inf. auf der oben erwähnten Stufe an zwei Stst.: Σ 9—11, Ω 113, 114 (2 Fälle)[36], nach (ἐ)φασκον (Impf.) öfter, z. B. N 100, Τ 297/8. — Was die verba cogitandi betrifft, so

ist bei diesen ebensowenig wie bei der vorigen Gruppe eine Fort-
entwicklung oder Weiterbildung der Construction bei Hesiod zu verzeichnen. Derselbe acc. c. inf. wie bei Hesiod steht nach *οἴω*,
οἴομαι und *ἔολπα* schon an diversen Hom. Stst., vgl. Albrecht a. a.
O. p. 42, 44. Wie *οἴμαι* bei Homer gewöhnlich den Inf. des Fut.
bei sich hat, so auch bei Hesiod (scut. Herc. 111/2).

Nachdem wir schon bei der letzteren Kategorie die Zulässig-
keit proleptischer Erklärung des Accus. zweifelhaft, die Stellung des
letztern zwischen Object des verb. fin. und Subject des Inf. gewissermaßen schon schwankend gefunden haben, so kommen wir
jetzt zur Besprechung der zweiten (und zugleich letzten) Entwicklungsstufe der Constr., deren Eigenthümlichkeit folgende ist:

**2. Stufe. Der Accus., jeder grammatischen Beziehung zum verb.
fin. ledig, hat sich als Subject des Inf. fixiert. Der letztere ist
wieder verbal.**

Bevor wir zum eigentlichen Sitz dieser Structur, zu den verba
impersonalia kommen, müssen wir auf zwei bereits oben p. 34/35,
36 behandelte vereinzelte Fälle zurückweisen, bei denen wir bereits
die eben angeführten Charakteristika entwickelt fanden.

3) Verba impersonalia.

Zunächst ist ein Fall mit *χρή* zu verzeichnen:
Fragm. 249 (Göttl.-Fl. 205) *χρὴ δέ σε πατρὶ . . . . κτίλον ἔμμεναι*.
Wie sollen wir uns hier das grammatische Verhältnis des Accus.
zu *χρή* und zu *ἔμμεναι* denken? Die von Hentze a. a. O. p. 738,
Fleischer in der bereits citierten Schrift, C. Capelle a. a. O. p. 107
vertretene Ansicht, aus dem Homerischen Gebrauch des Wortes
lasse sich schließen, dass *χρή* ursprünglich die 3. Pers. eines verb.
trans. von der Bedeutung „drängen", also *χρή* = „es drängt (mich)",
scheint mir, zumal bei der Dunkelheit der Etymologie des Wortes,
wohl zu wenig begründet. Und wenn wir schon für diesen Fall die
angeführte Erklärung gelten lassen wollten, wie fassen wir den
Accus. in folgenden Fällen:

Πέπρωτο theog. 475: *καὶ οἱ πεφραδέτην, ὅσα περ πέπρωτο γε-*
νέσθαι | ἀμφὶ Κρόνῳ βασιλῆι (wo wir *ὅσαπερ* mit *γενέσθαι* verbinden) und

Εἴμαρτο theog. 894 *ἐκ γὰρ τῆς εἴμαρτο περίφρονα τέκνα γενέσθαι.* An
den acc. relat., welchen Curtius und Albrecht (siehe oben p. 34) im allgemeinen zur Erklärung herangezogen haben, ist schon deshalb nicht zu
denken, weil dieser Accus. unmöglich von Personen gebraucht worden
sein kann, was hier in einem Falle (in zweien, den Fall mit *χρή* eingerech-
net) angenommen werden müsste. Wir sind vielmehr, wie ich dies schon

---

[36] Die Wortf. *σκύζεσθαι οἱ εἰπὲ θεούς* (*σκύζεσθαι* vor dem Acc.
θεούς), welche ihr veto gegen die prolept. Auffassung einzulegen scheint, dürfte
hier wohl einen rhetorischen Grund haben.

früher andeutete, bei dieser anerkannt jüngsten Gruppe von acc. c. inf. (vgl. Jolly, Gesch. d. Inf. p. 258) bei dem Punkte angelangt, wo die Constr. vollkommen in sich geschlossen erscheint[31]); der Accus. ist nun auch grammatisch das, was er in frühern Fällen schon logisch war — Subject des Inf., wobei allerdings die Genesis der Constr. vergessen erscheint (vgl. schon Jolly a. a. O. p. 257), was übrigens keine so vereinzelte Erscheinung im Sprachleben ist, da ja auch z. B. der genetivus absolutus, dessen allmählichen Entstehungsprocess, ebenfalls auf Emancipierung von dem Einfluss des Hauptverbs gegründet, Classen in so schöner Weise (Beobacht. über den Hom. Sprachgebr. p. 176 ff.) dargelegt hat, ein treffendes Analogon zu unserm Falle bietet. Diesen Wandel in der Stellung und Function des Accus. erklärten wir schon oben p. 34 durch erweiterte Analogie; wir meinen dies in dem Sinne, dass die Sprache, nachdem sie sich gewöhnt hatte, das grammatische Object zum verb. fin. (und zwar das strengere und das lockerere (proleptische), welches zugleich logisches Subject des Inf. war) durch den Accusativ auszudrücken, dies auch auf jene Fälle übertrug, wo der Casus als vom verb. fin. grammatisch getrennter Begleiter des Inf. aufgefasst werden muss; es wäre also im Sinne Ziemers vielleicht eine Art von „Casusangleichung". Ähnl. bereits Albrecht a. a. O. p. 20, früher L. Lange, Zeitschr. für die österr. Gymn. 1855 p. 728. Der Inf. hat seine Function nicht verändert, er bleibt, wie bemerkt, der verbalen Natur treu.

4) Nach Adjectiven.

Opp. 271/2 ἐπεὶ κακὸν ἄνδρα δίκαιον ἔμμεναι; der Subjectsaccus. fehlt zwar, aber schon der Accus. ἄνδρα δίκαιον weist auf die Constr. des acc. c. inf. und auf ein zu ergänzendes Subject τινά hin. Die Constr. ist ganz derselben Art wie bei den verb. impers.

Ein Vergleich mit dem diesbezüglichen Sprachgebrauch Homers ergibt keinerlei Neuerung bei Hesiod. Nach χρή und εἵμαρται hat

---

[31]) Meierheim meint a. a. O. II. p. 12, dass man sich hüten müsse zu sagen: „accusativum cum infinitivo suo in formulam stabilitam coaluisse. Etenim acc. suam naturam servasse neque tam „arctam societatem" cum inf. iuiisse, ut ab eo dirimi non posset, ex eo probatur, quod ex structura impersonali personalis, ex acc. c. inf. fieri potest nom. c. inf." Ich glaube jedoch, dass, wenn man jene Verbindung auch als eine „enge" bezeichnet, dieser Ausdruck nicht schon die Möglichkeit der Verbindung des Inf. mit einem andern Casus geradezu ausschließt. Es zeigen sich im Sprachleben, glaube ich, verschiedene Intentionen neben einander wirksam; während hier die eine, die der Analogie, auf Uniformierung aller Infinitivconstr., auf die Verbindung der Inf. mit einem Casus, auf den acc. c. inf. hinführte, machte sich eine andere, specifisch griechische, die des „Subjectivismus", von Classen a. a. O. p. 196 ff. in einer Reihe von Spracherscheinungen nachgewiesen, in der Weise geltend, dass sie zahlreiche Beziehungen des Gedankens, welche wir in unpersönlicher Weise auszudrücken pflegen, in persönlicher Fassung (nom. c. inf.) auftreten ließ. (Classen a. a. O. p. 219.)

1) Infin. bei Adjectiven.

Betrachten wir Stst. wie opp. 366 ἐσθλὸν (erg. ἐστιν) παριόντος ἑλέσθαι, so überrascht es uns auf den ersten Blick nicht wenig, den Inf., den wir doch als ursprünglichen Dativ erkannten und bisher als solchen bewährt fanden, auf einmal wieder als Subject, als Nominativ fungieren zu sehen. Dieser Inf. ist doch, wie wir dies schon oben für unwahrscheinlich hielten, keine Proteusgestalt, die bald den einen, bald den andern Casus vertreten könnte? — Thatsächlich behaupten einige neuere Forscher (Albrecht a. a. O. p. 19, Wilhelm a. a. O. p. 66, Herzog a. a. O. p. 16 ff.), dass der Inf. bei Homer als Subject und in verschiedenen obliquen Casusverhältnissen mit Ausnahme des Genetivs (Wilhelm schließt auch diesen nicht aus) vorkomme. Dagegen ist bereits mit Recht Jolly, Gesch. d. Inf. im Indog. p. 183 aufgetreten, indem er bemerkt, „es sei unberechtigt, zu sagen, der Inf. stehe für irgend einen beliebigen Casus, nachdem er längst als ein bestimmter Casus, als Dativ, erkannt worden sei". Unseres Erachtens kann der Inf. wenigstens nicht in der gleichen Zeit- und Sprachperiode als Dativ und als irgend ein anderer Casus gefühlt worden sein. Es musste sein dativischer Ursprung im Sprachgefühl so ziemlich erloschen sein, bevor es möglich ward, dass er in entschiedener Weise andere Casus vertrat und z. B. gar als Nominativ gefühlt wurde. Thatsächlich gehört auch dieser abstract substantivische Gebrauch des Inf., worauf bereits Jolly a. a. O. p. 234, Meierheim a. a. O. II, p. 4 hinweisen, in allen indogermanischen Sprachen, wo wir ihn finden, der spätesten Entwicklungsstufe an. Sollte es demnach gerathen sein, im Griechischen diesen Gebrauch des Inf. in die alte Homerisch-Hesiodeische Zeit zurückzuverlegen, in eine Zeit, wo wir die dativische Urkraft des Inf. noch in so mächtiger Wirksamkeit finden? Gewiss nicht. Man lese noch die weitern schwerwiegenden Gründe nach, womit Meierheim am letztcitierten Orte dagegen ankämpft, und man wird die Meinung jener Gelehrten wohl nicht mehr recht haltbar finden. Es hat vielmehr bei Homer — und auch bei Hesiod ist es nicht viel anders — der Substantivierungsprocess kaum erst begonnen, und nur in einigen wenigen Fällen sind deutliche Spuren davon vorhanden.

Was nun speciell den scheinbaren Subjectsgebrauch des Inf. bei Adjectiven anlangt, so können wir an die Ergebnisse der Meierheimschen Untersuchungen anknüpfen. Für Fälle des dat. + inf. z. B. Δ 372 οὐ μὲν Τυδέϊ γ᾽ ὧδε φίλον πτωσκαζέμεν ἦεν, | ἀλλὰ πολὺ πρὸ φίλων

ἄχεσθαι, weiter für Fälle, wo der Inf. allein „çum
tione" steht, wie *A* 169, gibt Meierheim a. a. O. p. 7
er der Inf. „abstractam verbi notionem" bezeichne,
 zu sein scheine, dass hier Spuren oder Ansätze
bstantivierung bereits vorliegen, doch wird dem Inf.
Charakter eines Substantivs und zwar eines Subjects-
der einleuchtenden Begründung abgesprochen „sui
sed ex adiectivo pendere", welch letzteres durch
die consequente Stellung des Inf. n a c h dem Prä-
1 sehr wahrscheinlich gemacht wird.[38]) Daher sind
1 Gebr. d. Inf. u. s. w. p. 13 und Fleischer a. a. O. p. 13
cht beigetreten, und auch wir tragen kein Bedenken,
nn nehmen wir an, um den Beweis ex contrario zu
sei wirklich an diesen Stst. Subjectsnominativ, so
punkt traditioneller[19]) Wortstellung aus diese con-
dung der Inversion (Subject nach dem Präd.) sehr
fach unbegreiflich; und wenn man als Erklärungs-
ionelle Wortstellung heranziehen wollte, so würde
n F ä l l e n ein besonderes Motiv für die Voranstellung
 dem Inf. zu finden sein, in a n d e r n wieder keines.
reits *Τύσϵ* aus einem rhetorischen Grunde voran-
fall *Ω* 334, *ν* 335, wo bereits *σοι* als das beton-
er eines Gegensatzes) an der Spitze steht, *μ* 109/110,
bjecten von *ποθήμϵναι* der Nachdruck liegt, also
t. Wortfolge vorangehen sollen. Also n u r der von
ne grammatische Grund vermag die (invertierte)
Stst. gleichmäßig zu erklären, und die Coincidenz
m rhetorischen an manchen Stst. mag auf bloßem
Meierheim führt aber noch einen zweiten Beweis-
igenommene Abhängigkeit des Inf. von den Adjec-
ämlich die Analogie deutscher Sätze, wie: „Es ist
esen" u. dgl., wo ebenfalls der Inf. vom Adjectiv
ine; auch dieser Grund verdient nach dem schon
n volle Beachtung. Andere Kriterien zur Entschei-
, ob der Inf. an der und jener Stelle v e r b a l e oder
itivische Geltung habe, werden sich schwerlich
sen, da die Rection des griech. Inf. in dem einen
e stets dieselbe bleibt (anders im Deutschen!), also
itaktischen Wirkungen nicht möglich sind.
wir nun die analogen Stst. bei Hesiod.
in Fall eines dat. + inf. scut. Herc. 336/7 *ἐπεὶ οὐ*
τιν | οὐθ' ἵππους ἐλέϵιν[40]) *οὔτϵ κλυτὰ τϵύχϵα τοῖο.*

---

tst., wo der Inf. dem Adjectiv v o r a n g e h t, werden ausgenom-
n Inf. die substantivische Natur zugestanden.
1 der Unterscheidung traditioneller und occasioneller Wortst.
t. Forsch. IV. p. 149, 150.
ch zu scut. Herc. v. 231.

Einfacher Inf. (cum significatione generali): Opp. 366 *ἐσθλὸν μὲν παρεόντος ἑλέσθαι*; opp. 453/4 *ῥηΐδιον γὰρ ἔπος εἰπεῖν . . . ῥηΐδιον δ' ἀπανήνασθαι*; opp. 687 *δεινὸν δ' ἐστὶ θανεῖν μετὰ κύμασιν*. Ähnl. opp. 691 *δεινὸν γὰρ πόντου μετὰ κύμασι πήματι κύρσαι*. — Fragm. 191 (Göttl.-Fl. 170) *ἥδιστον δ' ἐν δαιτὶ . . . . τέρπεσθαι*. [Nach Rzach.] Die Stst. sind den von Meierheim behandelten Homerischen nach Construction und Wortstellung (Inf. nach dem Adjectiv) vollkommen analog. Der mögliche Einwand, dass die occasionelle Wortfolge an den letzten drei Stst., gewissermaßen auch an der ersten (scut. Herc. 337, wo das vorangeschobene *οὐ* den negierten Begriff sozusagen attrahieren musste), die Voranstellung des Adjectivs vor den Inf. veranlassen konnte, vermag nach dem soeben Erörterten unsern Glauben an die Coexistenz des grammatischen Grundes, den wir unterlegen, natürlich nicht zu erschüttern. Da selbstverständlich auch das zweite Meierheimsche Argument hier zutrifft, so messen wir dem Ergebnis, zu dem Meierheim bei seinen Homerischen Untersuchungen gelangte, auch für Hesiod volle Giltigkeit bei.

2) Infinitiv bei Substantiven.

α) Dat. + inf.:

Θέμις scut. Herc. 447: *Οὐ γάρ τοι θέμις ἐστὶν ἀπὸ κλυτὰ τεύχεα δῦσαι | Ἡρακλέα κτείναντα*. (Könnte auch zum acc. c. inf. gezogen werden.)

β) Einfacher Inf.:

Πῆμα opp. 366/7: (*Ἐσθλὸν μὲν παρεόντος ἑλέσθαι*), *πῆμα δὲ θυμῷ | χρηΐζειν ἀπεόντος* . . . . Die Constr. sind ihrem Wesen nach ganz dieselben wie bei 1); man kann ja ohne die geringste Sinnänderung für *θέμις* allenfalls *δίκαιόν ἐστιν*, für *πῆμα ἀλγεινόν* substituieren. Der Umstand, dass sich auch hier wieder an der zweiten St. und gewissermaßen auch an der ersten, die so geartet ist wie die besprochene scut. Herc. 337, für die Voranstellung des Nomens (Subst.) neben dem grammatischen Grund der rhetorische, aus der occasionellen Wortfolge geschöpfte, geltend machen lässt, vermag natürlich ebensowenig wie bei der Gruppe 1) den erstern Grund aufzuheben oder umzustoßen.

3) Infinitiv bei Verben.

Dat. + inf.:

Πέπρωτο theog. 464: *Οὕνεκα οἱ πέπρωτο . . . . δαμῆναι*.
Οὐκ ἔστι scut. Herc. 15/6: *Οὐδὲ* (nach Rzach u. Göttl.-Fl.) *οἱ ἦεν . . . . ἐπιβῆναι*.

Einfacher Inf.:

Οὐκ ἔστι theog. 613 (2 inf.).
Οὐκ ἔστι opp. 105, *ἔστιν* opp. 287.

Die Fälle lassen sich wieder auf die Constr. mit Adjectiven zurückführen: *πέπρωται* == *αἴσιμόν ἐστιν*, *ἔστιν* == *δυνατόν ἐστιν*. Das letztere nämlich kann nicht mehr in der Bedeutung „vorhanden sein, existieren" gefasst werden, da eben ein concretes Subject dazu fehlt; es ist ganz abstractum geworden. Die Beweis-

die Verbindung von Adjectiven mit dem Inf. betrifft, den dat. + inf.
nach αἴσιμόν ἐστι bereits *I* 245/6, *O* 274 und anderwärts, den bloßen
Inf. nach ῥηΐδιος (freilich abweichend von Hesiod mit persönlicher
Construction) öfter; ἡδύ, δεινόν und ἐσθλόν mit bloßem Inf. sind bei
Homer nicht vertreten. Ähnlich wären *Φ* 498/9 (ἀργαλέον mit Inf.),
H 282 (ἀγαθόν mit Inf.), ω 435/6 (ἡδύ mit dat. + inf.).

Den Inf. nach Substant. betreffend, ist Homer θέμις ἐστίν mit
Inf. bereits geläufig (κ 73, ξ 56/7, π 91); πῆμά ἐστιν mit Inf. kommt
bei Homer noch nicht vor.

Inf. nach Verben: Die Hesiodeische Constr. von πέπρωται mit
bloßem Inf. ist bei Homer nicht vertreten (acc. c. inf. allerdings);
nach ἔστι folgt der Inf. schon Hom. Ξ 313, Ψ 157 u. anderwärts.

Neu sind also Homer gegenüber die Verbindungen von δεινόν,
ἐσθλόν und ῥηΐδιον (unpers. Constr.) und ἡδύ mit bloßem Inf., ferner
von πῆμα und πέπρωται mit dem bloßen Inf. Was die Function des
Inf. in allen diesen Fällen betrifft, befinden sich beide Dichter in
vollkommener Übereinstimmung.

**b) Der Inf., in Homerischer Weise appositionsartig an ein
Nomen angeschlossen.**

a) Der Inf. in der scheinbaren Geltung eines Nominativs:

Opp. 216/7 ὁδὸς δ' ἑτέρηφι παρελθεῖν | κρείσσων ἐς τὰ δίκαια, wo
die Constr. doch so zu fassen ist: Subject ὁδὸς ἑτέρηφι, Präd. κρείσσων
ἐστίν, παρελθεῖν ἐς τὰ δίκαια Apposition zum Subject.
Fragm. 38 (Göttl.-Fl. 110), 1, 2: Ἥδε οἱ .... ἀρίστη φαίνετο
βουλή· | (αὐτὸν μὲν σχέσθαι), κρύψαι δ' ἀδόκητα μάχαιραν.

b) Der Inf. in der scheinbaren Geltung eines Accusativs:

Theog. 412/3 (jüngeres Stück!): Πόρεν δέ οἱ ἀγλαὰ δῶρα, | μοῖραν
ἔχειν γαίης τε καὶ ἀτρυγέτοιο θαλάσσης. Theog. 628/9 αὐτὴ γάρ σφιν
ἅπαντα διηνεκέως κατέλεξε | σὺν κείνοις νίκην τε καὶ ἀγλαὸν εὖχος
ἀρέσθαι (Text nach Rzach u. Göttl.-Fl.). Opp. 276—8 τόνδε γὰρ
ἀνθρώποισι νόμον διέταξε Κρονίων | ἰχθύσι μὲν καὶ θηρσὶ καὶ οἰωνοῖς
πετεηνοῖς | ἐσθέμεν ἀλλήλους.

Wir haben also 2 Fälle, wo der Inf. Nomin., 3, wo er Accus.
zu sein scheint. Was Meierheim II, p. 9 ff. für ähnliche Hom. Fälle
(z. B. φ 278/9) ausgeführt hat, „videmus igitur inf. epexeg. ita usu
venire, ut notione, quam explicat, neglecta e verbis, adiectivis et. vulgari
ratione pendere ... videatur", das trifft auch mehr weniger für Hesiod

ein Blick auf die Genesis der Apposition, wie sie Meierheim a. a. O.
II, p. 9 schön aufgezeigt hat[41]), lehrt uns zunächst, dass der erste
Fall opp. 216 eine analoge Structur hat mit Hom. μ 120:

$$
\begin{cases}
\text{ὁδὸς δ' ἑτέρηφι} \\
\ldots\ldots\ldots
\end{cases}
\begin{array}{|c|c|}
\ldots\ldots & κρείσσων \\
\hline
παρελθεῖν & κρεῖσσον^{42}) \\
φυγέειν & κάρτιστον
\end{array}
\begin{array}{c}
\text{ἐς τὰ δίκαια.} \\
\text{ἀπ' αὐτῆς.,}
\end{array}
$$

über welch letztere St. Meierheims Ansicht (a. a. O. II, p. 7) dahin
geht, dass zwar die Voranstellung des Inf. für seine substantivische
Natur (Subjectsnominativ) spreche, der Umstand aber, „quod membra,
quae ad infinitivum pertinent (hier ἀπ' αὐτῆς) ut apud verb. fin.
per totum enuntiatum dissipari possunt", ein Argument dagegen bilde,
ein Raisonnement, zu dem ich nichts Wesentliches hinzuzufügen
habe. Die zweite Stelle lässt sich, wenn man die Construction wieder
nach Meierheims Princip zerlegt, in eine gewisse Parallele setzen
mit scut. Herc. 447, nur dass dort das ankündigende Pron. fehlt.
Der Inf. κρύψαι — bezüglich des αὐτὸν μὲν σχίσθαι siehe Nach-
wort — schließt sich an ἥδε = τόδε, das Präd. zu beiden ist βουλὴ
φαίνετο (φαίν. ähnl. einem ἦν). Da der Inf. nachgestellt ist, so hat
er wohl die oben p. 44, 2 erörterte Function, er kommt dem substantivischen Wesen nahe, ohne aber ganz in demselben aufzugehen.

In den übrigen 3 Stst., wo der Inf. einen Accus. vertritt, erscheint er in demselben Abhängigkeitsverhältnis vom verb. fin., in
dem wir die Inf. nach den verba aux. trafen (πόρεν theog. 412 =
verb. efficiendi, διέταξεν opp. 276 = verb. voluntatis, κατέλεξεν
theog. 628 = verbum dicendi), also in verbalem Charakter, weswegen wir ihm eben trotz seines appositionellen Verhältnisses nicht
vollkommene Substantivnatur, sondern höchstens eine gewisse An-
näherung an dieselbe zuschreiben können.

Was Homer betrifft, so bringt bereits Meierheim für den appositionellen Gebrauch des Inf. mit größerer und geringerer Inclina-
tion des letztern zur Substantivierung zahlreiche Belege bei, und
Hesiod bewegt sich demnach ganz in demselben Geleise.

---

[41]) Mit Recht nimmt Meierheim eine Vereinigung zweier Constr. an, wie
er an φ 278 zeigt, wo die beiden Gedanken ἐπεὶ καὶ τοῦτο ἔπος κατὰ μοῖραν
ἔειπεν und ἐπεὶ κατὰ μοῖραν ἔειπεν νῦν μὲν παῦσαι κ. τ. λ. zu einem Satz-
ganzen verknüpft sind. Auf ganz ähnliche Weise lassen sich die ob. angeführten
Hesiodstst. analysieren.

[42]) Wenn wir nämlich παρελθεῖν gleichsam als 2. Subject betrachten,
müsste es mit Bezug darauf heißen — κρεῖσσον.

V. Vollendung der Substantivierung des Inf. durch Prothese des Artikels.

Es kommen hier zwei Stst. in Betracht: opp. 314 δαίμονι δ', οἷος ἔησθα, τὸ ἐργάζεσθαι ἄμεινον[43]) und fragm. 192 (Göttl.-Fl. 171), 1, 2 ἡδὺ δὲ καὶ τὸ πυθέσθαι, ὅσα θνητοῖσιν ἔδειμαν | ἀθάνατοι κ. τ. λ. Die erste St. weist wohl schon allen Anzeichen nach den eigentlichen Artikel vor dem Inf. auf; doch darf sie nicht urgiert werden, da sie (auch das τό) kritisch stark angefochten ist (vgl. Rzach z. St.). An der zweiten ist die Möglichkeit nicht ausgeschlossen, dass das τό, ebenso wie es von vielen Erklärern bei Hom. υ 52 gefasst wird, pron. dem. ist; doch wenn wir es auch schon als Artikel gelten lassen — eine apodiktische Entscheidung ist hier begreiflicher Weise sehr schwer — so haben wir doch im besten Falle nur zwei Belegst. für die in der attischen Gräcität so ausgebreitete Verbindung des Inf. mit dem Artikel; von einer Flexion des Inf. durch den Artikel, wie sie im Attischen so häufig vorkommt, ist hier noch keine Spur. Wir stehen also jedesfalls erst bei den Anfangspunkten dieses Gebrauches. Da wir aber doch schon mit der Substantivierung des Inf. durch den Artikel zu thun haben, so können wir auch der Frage nicht mehr aus dem Wege gehen, wie denn der Inf. zu dieser letzten Entwicklungsstufe gelangte. Jolly bezeichnet den ganzen Vorgang mit Bezug auf die ursprüngliche nominale Bedeutung des Inf. als „Rückbildung" und meint, dass „durch sein adverbialisches Wesen hindurch die nominale Grundnatur wieder zum Durchbruch komme". Gegen diese Erklärung hat nun bereits Meierheim a. a. O. p. 2, 3 — mit Recht, wie ich glaube — angekämpft; auch mir will es zunächst nicht recht klar werden, was Jolly hier unter dem „adverbialischen Wesen" des Inf. versteht; es kann dies doch nur so gemeint sein, dass der Inf. ursprünglich, wie sich dies noch aus manchen syntaktischen Verwendungen der Sprachform ergibt, gleich den Adverbien eine durch Isolierung erstarrte Casusform war; doch aus dieser alten casuellen Bedeutung des Inf. hat sich jener jüngste und letzte Gebrauch unmöglich herausgebildet, da ja dessen Entstehung im Gegentheil ein Vergessen des dativischen Ursprungs voraussetzt, sondern ganz organisch aus dem verbalen Infinitiv, insofern dieser die abstracta verbi notio darstellte, wie dies Meierheim a. a. O. mit Hilfe der analogen deutschen Entwicklung (zu sterben, sterben, das Sterben) überzeugend nachweist. Wie nun jener Übergang aus der abstracten Verbalbedeutung zu dem substantivierten Inf. mit Artikel sich vollzog, das wird, denke ich, aus der Entwicklungsgeschichte des Artikels erklärlich. Indem nämlich zu dem Inf., der, die abstr. Vorstellung einer Thätigkeit ausdrückend, bereits einem Nomen gleichkam (z. B. wählen, Wahl), das τό in rückwirkender demonstrativer Kraft (vergl. Nägelsbach, Anmerkungen zur Ilias, Exc. XIX. p. 335,

---

[43]) Es ist das die von Rzach und Göttling-Fl. gebotene Lesart.

1. Aufl.) hinzutrat, wurde jene Vorstellung als eine bereits (im Be-
wusstsein des Sprechenden) vorhandene bezeichnet, wobei die Entwicklung schon bei der individualisierenden Bedeutung des Artikels
(vgl. z. B. Krüger 50, 2) angelangt war, der Inf. aber hat durch die
Prothese des τό vollends nominales Gepräge gewonnen.

Wie steht es nun bei Homer mit der Substantivierung des
Inf. durch den Artikel?

Es muss dahingestellt bleiben, ob dieser letzte Trieb, den wir
am üppigen Baume unserer Sprachform hervorsprießen sahen, bereits
„unter der Sonne Homers" sich entwickelte. An der einzigen St.,
die davon Zeugnis geben könnte, υ 52, wird das τό von Erklärern
und vielen Grammatikern (vgl. Ameis z. St.; Nägelsbach a. a. O.
Excurs. XIX, p. 327, Anm.; Krüger, Gr. Sprachl. Dial. 50, 6, 1;
Koch, Zum Gebr. d. Inf. u. s. w. p. 12, 14; Herzog a. a. O. p. 17 u. a.)
als pron. dem. gefasst. Meierheim äußert sich reserviert a. a. O. II, p. 10:
„infinitivus cum articulo coniunctus esse videtur", scheint aber doch
nicht recht daran zu glauben, da er ebendort p. 11 geradezu die These
aufstellt: „Nullus locus apud Homerum est, in quo infinitivus
substantivum sit". Zu einer sichern Entscheidung, die übrigens auch
mehr von theoretischer als praktischer Bedeutung wäre, fehlen die
Anhaltspunkte. Nimmt man τό als Artikel, was die Ergebnisse Homerischer Forschung gerade nicht direct zu verbieten scheinen (man
vgl. z. B. den oben angezogenen scharfsinnigen Excurs über den
Hom. Artikel von Nägelsbach), so kann man allerdings nicht mehr
behaupten, dass der Inf. mit Art. eine dem Homer ganz fremde
Erscheinung ist: doch würde sich der Gebrauch bei seiner Ver-
einzelung und Unentwickeltheit (die Flexion fehlt) immerhin nur
als eine Art Embryonalorgan am Homerischen Sprachkörper darstellen, dessen Ausbildung aber dann auch am Hesiodeischen Sprach-
organismus nicht weiter fortgeschritten erschiene.

Resumé.

Nachdem wir nun den Inf. durch alle seine Entwicklungsstadien verfolgt haben, wollen wir die Hauptpunkte unserer Untersuchung kurz zusammenfassen. Wir trafen den Inf. zunächst in
nominaler Natur. Während er im imperat. Gebrauch eine fast
dem verb. fin. ähnliche Regsamkeit verbaler Beziehungen zeigte,
erschien er starrer als Epexegese im Anschlusse an Verba,
Adjectiva und Substantiva. In Verbindung mit Verben zeigte er,
wiewohl in einigen Fällen in finaler Kraft auftretend, häufiger ein — in
seiner Casusnatur wohl begründetes — Schwanken zwischen finaler und
consecutiver Bedeutung und innerhalb der letzten Bedeutungssphäre
wiederum in einigen Fällen eine gewisse Abnahme seiner Energie
(Inf. der vorgestellten Wirkung). — Von ὥστε begleitet, bot
er, in seiner epexegetischen Kraft verharrend, an einer St. die
ersten Ansätze zur Bildung des Consecutivsatzes dar, der an einer
andern schon vollendet vorlag. — Den zahlreichen Verbindungen des Inf. mit Adjectiven, wobei der Inf. seine casuelle

wir den Inf., an die verba auxil. angeknüpft, ins verbale
Lager übertreten.[44])

Diesen ganzen Umwandlungsprocess, wie ihn hier der Inf. in
paralleler Progression mit der Bedeutungsabstumpfung der verba fin.
durchmacht, fanden wir bei der Gruppe der verba des Wollens
p. 24—28 großentheils noch im Anfange begriffen, nur in der Minderzahl der Fälle weiter fortgeschritten. Umgekehrt war das Verhältnis bei
den Verben der Willensäußerung, ein Ergebnis, das aber bei
der äußerst schwachen Vertretung dieser Gruppe in Hesiods Schriften
nicht urgiert werden darf. Nach Verben der Qualification hatte
der Inf. ursprünglich wohl die Bedeutung der vorgestellten Wirkung,
gieng dann aber in verbale Natur über, welche er nach den verba
cogit. (δοκεῖ, εἴσατο, ἔλπομαι) und dicendi (εἶπον und φημί) entschieden behauptete; die letztern zwei Gruppen anlangend, leuchtete
bei φιλῶ und ἔλπομαι ein ursprünglicheres Verhältnis noch durch.
Über die futurische Tendenz des Inf. vgl. p. 30, 31.

Was dann den acc. c. inf. betrifft, so wiederholte sich im
Werdeprocess dieser Constr. das Stück Entwicklungsgeschichte des
Inf., welches wir soeben überblickt haben (vgl. Anm. 29). Während
wir in einigen Structuren nach verba efficiendi(?) und voluntatis
das Constructionsverhältnis in seiner Ursprünglichkeit (Accusativ
des Objects, Inf. epexegetisch) erhalten und damit eine Vorstufe

---

[44]) Nebenbei bemerkt, war dieser Bedeutungswandel in syntaktischer Hin-
sicht sicherlich zum Vortheile des Inf. Wenn Classen a. a. O. p. 45 vom Particip
sagt, dass, je weniger es in dem Charakter des Nomens aufgehe, desto größer
seine Anwendbarkeit zur Nachbildung des lebendigen Gedankens sei, so könnten
wir ähnlich vom Inf. behaupten: Indem er sich seiner starren nominalen Natur
entäußert, indem die verbale Kraft in ihm stärker zu pulsieren beginnt, erlangt
er unleugbar nicht bloß — im acc. c. inf. — einen tiefgreifenden Einfluss auf die
ganze Satzbildung, sondern er gewinnt auch an syntaktischer Verwendbarkeit
überhaupt, wobei ich, abgesehen von der eben erwähnten Constr., nur an seine
häufige Verbindung mit verba auxiliaria erinnern darf, welche im allgemeinen
wohl neben dem acc. c. inf. die ergiebigste Domäne des Inf. darstellen dürften.
Wenn bei Hesiod, wie wir durch Nachzählung fanden, die nominalen Inf. in
mehr als doppelter Überzahl zu den rein verbalen stehen, so beirrt uns dies
keineswegs in dem eben ausgesprochenen allgemeinen Urtheile; denn hier geben
eben die in den opp. in ganz ungewöhnlicher Häufigkeit auftretenden imperativischen Inf. den Ausschlag und begründen das abnorme Verhältnis; bei andern
Autoren, namentlich bei Prosaisten aller Gattungen, würde es sich sicherlich
ganz anders stellen.

allen weitern acc. c. inf. verharrte. Aber auch auf diesem Standpunkte konnten wir nicht lange verweilen; schon bei den Structuren nach den verba cogit. stießen wir mit unserer Prolepsis auf Schwierigkeiten, und, bei den impersonalia angekommen, mussten wir ohneweiters zugeben, dass der Accusativ, zum verb. fin. außer Beziehung getreten, sich als Subject des Infinitivsatzes manifestiere — wir standen damit auf der zweiten und letzten Entwicklungsstufe der Constr., welche bei Hesiod allerdings nur durch wenige Fälle (nach χρή, πέπρωτο, εἵμαρται und nach einem Adjectiv, κακόν) repräsentiert wird.

Nachdem wir so den Inf. durch alle seine Lebensschicksale, die er in nominaler und verbaler Erscheinungsform durchmachte, begleitet, langten wir endlich bei seinem letzten Lebensstadium, dem substantivischen Gebrauche, an. Wir fanden, dass er, von Adjectiven, Substantiven und Verben abhängig, sich zwar der substantivischen Geltung bedeutend näherte, aber eben diese Abhängigkeit hinderte uns, ihm vollkommen substantivische Natur zu vindicieren; auch im appositionsartigen Anschluss an nominale Begriffe zeigte er dasselbe Verhalten.

Was endlich die Vollendung der Substantivierung durch Vorsetzung des Artikels betrifft, so ist dieser Gebrauch bei Hesiod bloß durch zwei zweifelhafte Fälle vertreten, jedesfalls in ganz embryonalem Zustande, und es fehlt hier nahezu ein Schössling des Inf., der im Attischen so reiche Blüten getrieben hat.

Zum Schlusse wollen wir auch noch die allerdings nicht sehr bedeutenden Ergebnisse zusammenfassend überblicken, zu denen uns der stete Vergleich des Hesiodeischen Infinitivgebrauchs mit dem Homerischen geführt hat. Wir halten uns an die durchgeführte Disposition.

I. Infinitiv casuell.

a) Infinitivus pro imp.

In diesem bei beiden Dichtern massenhaft auftretenden Gebrauch zeigen dieselben manche Übereinstimmungen (häufige Anwendung des genus activum, große Zahl der Deponentia, Seltenheit des directen, dynamischen und causativen Mediums und des Passivums, starke Frequenz des inf. praes. und des factischen Aorists, geringes Hervortreten der ingressiven und effectiven Aoristbedeutung, sehr sporadischer Gebrauch des Perfects, Paralle-

b) Epexeget. Inf.

Verben. Hesiod noch fast ganz auf Homerischer
reiche Mannigfaltigkeit des Hom. Gebrau-
(p. 14—16). Ὥστε mit Inf. Eine Hesiodst. repräsentiert,
eiden Hom. Stst., wo dieser Gebrauch vorkommt, eine
ur Bildung des eigentlichen Consecutivsatzes; die zweite,
nerische Stufe weit hinausliegende, zeigt uns den Con-
z bereits in der Vollendung des attischen
rauchs. Hier ein großer Fortschritt bei
soweit man auf 1 St. einen Schluss gründen kann).

Adjectiven. Für gewisse Hesiodeische Gebrauchsweisen
·., activer oder medialer Inf. statt des passiven) war
llgemeinen Homer Vorgänger; für Fälle anderer Art
den wir nur bei Homer wenig Analogien, vgl. p. 19, 20;
iterung des Gebrauches zeigen einige neue
gen bei Hes. (p. 20).

Adverbien (?). Die einzige Hesiodst. (πρίν c. inf.)
if Homerischem Boden.

Substantiven. Gewisse Hesiodeische Verbindungen
θαῦμα bereits Homerisch, andere (θαῦμα ἀκοῦσαι,
noch nicht.

II. Verba auxiliaria. Inf. verbal.

ja des Wollens und der Willensäußerung. Hom.
η kehren größtentheils wieder, nur σπεύδω und φυλάττομαι
scheinen erst bei Hesiod.

ba der Qualification. Ebenso; nur φιλῶ mit Inf.
u.

ba cogit. et dicendi. Keine Neuerung. Die Zeitstufe
ι betreffend, ist die bei Homer nur in der Min-
r Fälle zu beobachtende futurische Bedeutung
ch verba dicendi (φημί, εἶπον) bei Hesiod herr-
ır einmal ausdrücklich bezeichnet, sonst im
nf. gelegen). — Nach den Verben des Scheinens
'uturbedeutung ganz verschwunden, was bei
h nicht ganz der Fall ist (vgl. p. 32).

che von diesen Übereinstimmungen enthalten allerdings nichts
ndern sind im Charakter der Sprache überhaupt begründet.

1) Verba effic. und 2) Verba volunt. Die Hesiodeischen Structuren hat bereits Homer, nur der vollständige acc. c. inf. (resp. acc. + inf.) nach τίθημι = „bestimme, ordne an" und der acc. + inf. nach λιτανεύω scheinen erst Hesiod anzugehören.

b) Eigentlicher acc. c. inf.

Die acc. c. inf., wie wir sie bei Hes. 1) nach verba dic., 2) nach verba cogit., 3) nach verba impers., 4) nach Adjectiven trafen, sind auch schon bei Homer vertreten. Hesiod begründet keinerlei Fortschritt.

IV. Spuren der beginnenden Substantivierung.

a) Inf. scheinbar Subject nach Adject., Subst., Verben.

Im allgemeinen keine Weiterbildung des Gebrauches bei Hesiod zu bemerken. Einige neue Verbindungen wurden bereits p. 45 mitgetheilt.

b) Inf., in der scheinbaren Geltung eines Nomin. oder Accus. appositionsartig an ein Nomen angeschlossen. Hesiod bewegt sich im Homerischen Geleise (p. 46).

V. Vollendung der Substantivierung durch Prothese des Artikels.

Die vollkommene Substantivierung durch den Artikel steht bei Hesiod noch in derselben keimhaften Entwicklungsphase wie bei Homer. Näheres oben p. 48.

Bei den vielfachen syntaktischen Übereinstimmungen, die wir zwischen Hesiod und Homer gefunden, drängt sich nun allerdings noch die Frage auf: Was kommt da auf Rechnung des gemeinsamen Dialekts, des gemeingriechischen oder speciell epischen Sprachcharakters, der beiden Dichtern anhaftet, was beruht auf directer Nachahmung? Und weiter: Ist diese Nachahmung von Seite Hesiods eine bewusste, absichtliche, oder haben wir es etwa mit Reminiscenzen zu thun, welche die Vertiefung in die Homerischen Dichtungen bei Hesiod (resp. bei den Mitgliedern der Hesiodeischen Dichterschule) unwillkürlich zurückließ, ohne dass ein Zweifel an der unbefangenen, naiven Schreibweise des Dichters sich erheben würde? Leider muss es uns genügen, diese Fragen, deren Entscheidung für eine genaue Kenntnis des Hes. Sprachgebrauchs sehr wichtig wäre, bloß angeregt und das Substrat zur Führung der diesbezüglichen Untersuchung geliefert zu haben, diese selbst geht

In zwei Programmaufsätzeu, welche leider erst in meine Hand kamen, als diese Blätter schon im Drucke waren, nämlich: Piger, Progr. d. Gymn. in Iglau 1879 (bereits p. 33 citiert) und Vogrinz, Progr. d. Gymn. in Leitmeritz 1884, dazu auch Philolog. Rundschau IV, Nr. 5, p. 131, 132, finde ich in wichtigen, den Inf. betreffenden Fragen Ansichten ausgesprochen, welche von den meinerseits vertretenen nicht unerheblich divergieren und mich deshalb zur nachstehenden kurzen Auseinandersetzung veranlassten.

Wenn Piger a. a. O. p. 27 (allerdings mit Beziehung auf das Latein) meint, dass der Accus. in solchen acc. c. inf. - Constructionen, wie wir sie oben p. 40, 3, 41, 4 behandelten, auch noch als unmittelbar vom verb. fin. abhängiges Object (nicht als acc. relat.) aufzufassen und dass dieser Gebrauch des Acc. aus der frühern größern Ausdehnung dieses Casus und daraus zu erklären sei, dass auch impersonale und passive Verba und aufgelöste Prädicate (z. B. Adjectiv mit cop.) die nöthige Rectionskraft entwickeln können, so mag das nach den beigebrachten Beispielen fürs Latein seine Giltigkeit haben; fürs Griechische, speciell für die vorliegenden Fälle, z. B. χρή mit persönl. Accus., εἵμαρτο mit pers. Accus., κακόν ἐστιν mit pers. Accus. τινά, der allerdings nur zu ergänzen ist, dürften sich wohl schwerlich anderweitige, schlagende Analogien zur Erhärtung jener Ansicht beibringen lassen; auch die unpers. Constr. des Verbaladjectivs, worauf Piger verweist, liegt nicht nahe genug, um vollkommen zu überzeugen; und wenn in einzelnen solchen Fällen ursprünglich ein solches Rectionsverhältnis zwischen Präd. und Accus. bestand, so wäre noch sehr die Frage, ob dasselbe auch in späterer Zeit, als die Provinz des Accus. schon beschränkt war, noch wirklich gefühlt wurde.

Auch Vogrinz hält den Inf. für einen erstarrten Dativ (Progr. p. 22, 24), glaubt aber, ähnlich wie Albrecht, Wilhelm, Herzog (vgl. ob. p. 42), dass eine solche erstarrte Form auch andere Casus (Accus., in beschränkter Weise den Genetiv) vertreten und wenigstens scheinbar auch Nominativ (Subject) werden könne; der Inf. sei ein „Beispiel für die Erscheinung, dass eine Casusform, wenn sie als specifisch nicht mehr gefühlt werde, sich an Stelle aller andern setzen könne, er werde dann allgemeiner Casus obiectivus oder obliquus" . . . (Progr. p. 22). Die ebendort p. 26 gegebene Begründung: „Das Interesse an den Flexionsendungen, das Gefühl für sie mag früher geschwunden sein als ihre äußere Gestalt" klingt ganz plausibel, auch werden mehrere analoge Fälle aus der Casusgeschichte der indogerman. Sprachen beigebracht, wo für die Homerisch-Hesiodeische Zeit die Voraussetzung, unter welcher der Inf. zu einem Generalcasus sich gestalten konnte. Thatsächlich sind wir ja auch bei den meisten Gebrauchsweisen des Inf. mit der Erklärung aus dessen dativischer Grundnatur, ohne Zwang anzuwenden, ausgekommen, und es lag also gar kein Grund vor, die Übertragung anderer Casusfunctionen auf den Inf. anzunehmen; eine A n n ä h e r u n g d a z u mussten wir allerdings in mehreren Fällen (vgl. oben p. 43—47) constatieren. — Wenn dann V o g r i n z in der Phil. Rundschau a. a. O. p. 131 weiter behauptet, die n ä c h s t e Phase des Inf. sei die, wo er „ganz Adverb" geworden, eine andere Verbalform näher bestimme oder als Subject oder parenthetische Formeln bildend auftrete, so müssen wir auf das p. 47 gegen Jolly Bemerkte zurückkommen. Fassen wir den Ausdruck „Adverb" so wie an der cit. St., so sind die von V o g r i n z angegebenen Verwendungen dieses „Adverbs" wohl schwer begreiflich, es müsste dasselbe doch, sollte man glauben, mit dem u r s p r ü n g l i c h e n W e s e n des Inf. — ich habe die classische, auch von Jolly acceptierte Definition des Inf. in Curtius' Erläuterungen p. 198 im Auge — geradezu z u - s a m m e n f a l l e n und demnach wohl die e r s t e Entwicklungsphase des Inf. darstellen. — V o g r i n z meint ferner (ebendort), das Äußerste im Erstarren der (Inf.-) Form sei mit der Prothese des Artikels erreicht. Ganz richtig, insofern diese Prothese zeigt, dass nunmehr das Gefühl für das eigentliche nominale Wesen des Inf. g ä n z l i c h erstorben, j e d e Erinnerung daran geschwunden ist. Deswegen haben wir auch, noch dazu bestärkt durch die deutsche Analogie, bei Erklärung des substantivierten Inf. an dessen v e r b a l e Seite angeknüpft, deren Vogrinz in auffallender Weise — ich denke dabei wieder an die Curtiussche Definition des Inf. — gar keine Erwähnung thut. Ist übrigens nicht auch die v e r b a l e Rection des subst. Inf., abgesehen vom vollkommenen A n g e g l i e d e r t b l e i b e n desselben a n d a s V e r b a l s y s t e m, Erinnerung genug an die Provenienz desselben aus der Verbalsphäre? (Anders im Deutschen!) Wenn wir daher von einer Vollendung der Substantivierung durch Prothese des Art. sprachen, so ist das Wort „Vollendung" nur r e l a t i v zu fassen. Was trägt nun aber, wird man fragen, der Art. τό zu dieser

---

46) Der epexeg. Inf. bei Hesiod kommt hier nicht so sehr durch n u m e - r i s c h e als durch q u a l i t a t i v e Ausdehnung, d. h. durch Kühnheit der Constructionen im Vergleich zur späteren Gräcität, in Betracht.

Vollendung bei? Wenigstens so viel, dass er die substantivische Kraft, die durch die abstracte Verbalbedeutung hindurch in den Inf. eingezogen, wie ein Exponent auch äußerlich und sinnfällig anzeigt. Das wird wohl auch Vogrinz zugeben, wenn er auch behauptet, dass die Prothese des Art. für den Fall, als der Inf. Subject oder Object ist, „keinen besonderen" Wert hat.

Bezüglich der Hesiodst. Fragm. 38 (Göttl.-Fl. 110), 1, 2 muss ich noch bemerken, dass die p. 45, 46 außer Spiel gelassenen Worte αὐτὸν μὲν σχίσθαι wohl, soweit man aus dem mangelhaften Zusammenhang schließen kann — das Pindarscholion, dem das Fragm. entnommen, stand mir nicht zu Gebote — einen acc. c. inf. darstellen in dem Sinne: „Dies schien ihm . . . der beste Plan, selbst (αὐτόν = ipsum) an sich zu halten (σχίσθαι = med. dir.?)", wornach der Fall am Schlusse des Cap. III unter 5) „(Acc. c. inf.) appositionsartig einem Pron. angeschlossen" hätte angeführt werden sollen.

---

www.ingramcontent.com/pod-product-compliance
Lightning Source LLC
Chambersburg PA
CBHW021541270326
41930CB00008B/1323